守密

THE SECRET LIFE OF SECRETS

秘密心理學的第一本書！
那些藏著不說的，如何影響你的健康與未來

麥可・史萊平恩 Michael Slepian——著
魯宓——譯

HOW OUR INNER WORLDS SHAPE WELL-BEING,
RELATIONSHIPS, AND WHO WE ARE

推薦序

在「該不該說」之間，更多你沒想過、關於祕密的祕密

蘇益賢

心理師或許是與「祕密」最為接近的一種職業了。

出於不同原因，有人把接受諮商視為一種祕密，有人則覺得沒什麼。但無論如何，打從個案置身諮商室、開口的那一刻起，一種關於祕密的特定默契便展開了：除非涉及自我傷害、傷害他人、違法情事，否則對於個案所說的一切，心理師都應善盡保密的義務。

也正是因為這樣的認知與信任基礎，個案才能安心地在會談室裡娓娓道來自己生命的種種。有時，個案討論的是日復一日的日常；但在某些決定心理諮商是否能有所幫助的關鍵時刻裡，個案會膽怯地道出某些目前尚無人知的祕密。一邊說著，一邊觀察心理師的反應，也一邊觀察剛剛說出祕密的自己身上那種鬆了一口氣、卻又有些糾

結的感受。

誠如作者所言：「我們也許不希望祕密被人知道，但仍會希望自己被人了解。」我突然悟到，諮商室會不會正是能讓這兩種看似衝突的需求找到交集的獨特場域？總之，一邊讀著本書，我的腦袋一邊發想……赫然發現，整天與祕密打交道的我，過去卻沒想過要往「祕密」這個議題做更多延伸思考，直到打開了本書。

*****

爲了用更科學的方式討論祕密，在「祕密心理學」這塊少有人踏上的領域中，作者得解決的問題其實不少。好比，守密的定義是什麼？它是一種行爲，還是一種意圖？維護祕密等於維護隱私嗎？祕密有大小之分嗎？要如何分類？……諸如此類。作者細膩地把一個我們都知道、卻未必眞正深入理解的議題打開再打開。這樣探究的歷程，提供讀者一窺心理學家針對特定主題思考、進行科學研究背後脈絡的機會。

書中呈現出各種與祕密有關的調查數據，這也讓身爲讀者的我較爲釋懷——原來有這麼多人跟我一樣。「我們在祕密這件事情上並不孤單。祕密遠非讓我們與眾不同的原因，反而是我們的共通之處。」書裡的這句話，恰是諮商室裡人我互動之時最佳的註解。

本書援引各種目前在心理學中已發展且較成熟的分支，來與「祕密」對話。從發展心理學（小朋友從幾歲開始能理解祕密的概念？）、人格心理學（守密與人格特質有關嗎？）、認知心理學（祕密與壓抑思考背後的認知歷程是什麼？），到臨床心理學領域（持有祕密對心理健康有害嗎？）。讀完本書你將發現，祕密確實無所不在，但用這種系統性方式探究祕密，就我有限所知，本書確實是第一本。

敬邀讀者跟著作者的引導，在情感、關係、職場、家庭等各種生活層面裡，重新反思祕密之於人們的必然性，以及其所帶來的正、負面影響。在我們急著思考該說或不說某些祕密之前，不如先讀過本書，重新思考：傾訴此祕密的好處是什麼？要說的話，要如何好好說、以怎樣的方式說？而在什麼情況下，不說會是更好的選擇？我們又能做些什麼，找到與此祕密共處的方法呢？

多了解這些關於祕密的祕密，祕密有時就能不再只是祕密，而是你我之間最好的黏著劑。

（本文作者爲臨床心理師，「心理師想跟你說」共同創辦人臨床心理師，著有《轉動內心的聚光燈，照亮人生更多可能》等多本大眾心理學書籍）

推薦序　藏著不說的，眞的最傷？

幹話心理學

「我很想跟你說，卻很難說出口，關於我的祕密。」

人們一生中，總會守護著許多祕密；而在每個人內心深處，都有一個埋藏祕密的地方。

你曾經偷竊過？你也許對家人、朋友、伴侶說過謊？你可能很討厭一個朋友，但你從未把不滿說出口？你對當前伴侶感到失望，卻不願意把心情分享給對方？

祕密不一定都是負面的，只是難以啓齒罷了，因爲你也可能很喜歡一個人，卻不曾對那個人表達過心意。

很多時候，人們會因爲個人原因或理由，而無法把某些資訊或事實分享出來。我們都害怕把這些事情說出口後，會對當前的關係或情況造成影響。

因此，選擇「保守祕密」。

其實，編編也有許多說不出口的祕密。小時候，曾經偷吃了點心，因爲害怕受責罰而不願承認；長大後，難以表達喜歡一個人的心情，因爲擔心感情不被對方認同與接受。所以，我們只能對這些事實、想法有所隱藏保留，深深地藏在心中。

事實上，作者提到所謂的「祕密」之所以爲祕密，是因爲「意圖」不同。針對一件事實，每個人都可以選擇「說與不說」。有些事情因爲是私事，爲了注重隱私、保護自我，所以我們選擇不說出口。

比方說，對於不熟的人、同事，甚至沒那麼好的朋友，你不願也不想過於揭露自我資訊。又或者是因爲受到當前身處的場所環境限制，不適宜討論某些太私人話題，所以你選擇不說。

作者在書中提到，他曾針對祕密的類型進行調查，發現人們常見的祕密分類主要可以分成三十八項。編編認爲，其中最難以表達或坦誠的祕密，往往都是會影響「當前關係」的事實。具體來說，像是對愛情不滿、曾經精神出軌或肉體出軌、對婚姻或交往伴侶不忠等。

擁有祕密的人，或稱背負祕密的人，更容易承受心理負擔的影響。

心理學家也認爲，祕密對獨立個體的身心健康也會造成負面且不良的傷害。但這個心理學領域卻很少有專家探索，因爲近年來，心理學家更專注在人與人之間的關係與連結建立，卻忽略了人們爲何會選擇與其他人保持一定距離的關係，而不願分享內在心情、情緒、想法、感受。

祕密是一種與自我內在互動的過程，唯有理解祕密的存在，才能更加認同自身。因此，編編推薦這本由麥可．史萊平恩撰寫的《守密》給所有讀者粉粉。

這本書，能將「祕密」毫無保留地分享給你。它會讓你換一個角度來思考：人們爲何習慣保守祕密？祕密的來由？以及它會如何影響我們的生活？在守密時如何降低自己的心理負擔？

你也許會擔心擁有一個祕密。因爲祕密會讓你單獨承受，而你只能選擇隱藏內在自我。沒有他人的支持，這些祕密會讓你感到不安、畏懼、孤立，甚至讓你變成一個不眞誠的人。

但，看完這本書後，你會發現：其實有時候，保有一個祕密是特別的。

而且，除了保有祕密外，你更可以與其他人共享祕密。

在心理學上，當人們願意主動地揭露自我資訊時，就能與他人建立一段更眞誠且穩固的關係。你不一定要一個人承受這些事一輩子，你可以將這些祕密告知家人、親密朋友、伴侶。他們可以成爲理解你的人，發揮同理心來包容你。

「如果可以，就把祕密分享給你信任的人知道吧！」

最後，編編也想告訴你一個祕密，想知道的話，就來私訊編編吧～XD

（本文作者爲心理學社群版主 編編）

目次 CONTENTS

第二章 祕密的誕生

第三章 心智的祕密

第四章 祕密的三大座標

第五章 隱瞞祕密

第六章

坦白與傾訴

第七章　正向的祕密

第八章　文化與應對

獻給瑞秋

前言　爲何要隱藏祕密？

我緊張地看到冰雪封閉了東岸的許多地點。根據新聞片段顯示，甚至連華府都停擺了，但紐約市的機場目前還有飛機起降。到頭來，我仍很幸運：我從加州起飛的班機準時升空，毫無問題地抵達了曼哈頓。

我只來過哥倫比亞大學一次，當時我還是高中生，前來參觀我申請了但無望進入的這所大學。現在我來到此地，站在演講廳的講臺上，另一種焦慮取代了我對冬季風暴的擔憂。我準備要進行我的「求職面試」——九十分鐘的研究演說和討論，涵蓋了一系列主題，從如何判斷其他人的可信度，到如何判斷山丘的陡峭程度。首先，我談到自己對於祕密的最新研究。

學術界標準的求職面試是一連串勞累的會談，你日以繼夜地準備，然後是你最重要的一場演說，花了數月時間預備與練習，中間只有幾次上廁所的時間（如果他們還記得提供）。這場面試也沒什麼兩樣。當我開始之後，立刻有人舉手發問，問題從基本的（祕密是什麼？）到艱難的（那麼文化呢？）都有。

但我在這裡要說的不是求職面試。這一天之所以永遠烙印在我的記憶中，其實有不同的原因。除了演講之外，我還記得另外兩件事：第一，經過一整天的面談，我未來的同事帶我去吃晚餐，然後有些人來到我下榻的旅館酒吧續攤；第二，我在那一整天所闡述的研究，將有劇烈且個人化的意外轉變。

大概在午夜過後，我們又點了一輪酒，我覺得這個晚上就像與一群好友共度，面試感覺已經很遙遠了。我突然想起手機稍早之前震動過，所以我偷看了一眼。我爸打來的。這很不尋常。我爸從來不會突然打電話，更別說是在午夜時分。

三十分鐘後，我們買單，我看到爸爸打來的第二通未接來電。我只想到了糟糕的情況。一定是有家人過世，或發生其他的悲劇。無論他想說什麼，似乎都無法久等。

我回電給我爸。

「我有事要跟你說。」他說。「你能坐下來嗎？」

然後他告訴我一個故事，關於我的父母當初如何試著想生孩子，卻一再失敗，最後他們得知原因：我父親無法生育。

我父親告訴我，他不是我的生父：我是透過匿名捐贈的精子和人工受孕而成。這個祕密在我職涯最重要的一天被揭露。我沒有坐下來。

我覺得頭暈。有股腎上腺素飆升的感覺，彷彿我回到講臺上準備進行演說，只是現在要發問的是我。在我還沒開口之前，父親就先回答了我的第一個大問題：小我五歲的弟弟和我是同母異父，來自不同的捐精者。

我耐心聆聽父親說完他的爆炸性消息。現在輪到我了。我安慰他，說這件事完全沒有改變我們的關係。他是我父親，永遠都是。但我有很多問題：爲何對我守密？爲何現在告訴我？還有誰知道？結果祖父母們、舅舅叔叔嬸嬸們——整個家族除了我和弟弟——一直都知道這件事。他們怎能守住這個祕密如此久？那是什麼感覺？

我過去十年研究的，就是我在那天晚上對我爸提出的問題。後來我才察覺到，這個已有百年歷史的領域之所以尚未建立關於祕密的心理學，正是因爲沒有人提出這樣的問題。心理學家一直都很想知道人們如何建立關係、彼此連結；至於我們爲何對其他人保持距離，以及不讓其他人進入我們內在世界的後果，則大多被忽略。

過去的研究者認爲，在交談時隱瞞訊息就是守密，他們也根據這個想法來設計聽明的實驗。但當我們看到眞正的祕密（如你目前所嚴守的），並問它們日復一日對你產生的影響時，不同的情況就會開始顯現。

不僅是狡猾或欺騙，守密是內心的一種運作，是我們對自己與人際關係的感受，是我們如何應對生命的挑戰，以及是什麼造就了我們。

所有人都有祕密，但不是所有祕密都類似。有些祕密不會傷人，有些會。但哪些祕密會傷人，爲什麼？我得知家族祕密的那一晚，心理學家尚未提出這些問題，但後來我在自己的研究中提出了上百次。感謝數以萬計的研究參與者分享了他們的祕密，現在我們可以照亮祕密的祕密生活，揭露它影響我們的各種方式，以及我們該如何與它好好共處。

我們也許不希望祕密被人知道，但仍會希望自己被人了解。處理這種張力正是人際關係的關鍵所在。祕密如此難守的主要原因，是它違反了我們分享經驗的人性衝動。確實，不是所有的祕密都能守住。我們有時會坦白，有時也會傾吐。

不管你的祕密是否能繼續隱瞞，本書將讓你更了解我們爲何有祕密、它如何影響我們（儘管我們可能並未覺察），以及如何在守密時過得更好。

第一章

什麼是祕密？

開創電視新紀元的影集《黑道家族》的第一幕，就是以祕密開場。東尼．索波諾坐在候診室，他環顧房間，房裡安靜到聽得見時鐘滴答聲，他因此被房門突然打開的聲音驚動。梅菲醫生招呼東尼進辦公室，他跟著她進去，他們坐下來。東尼的姿態更像是一個試圖看起來很輕鬆的人，而不是眞正的放鬆。他期待地看著梅菲醫生。她凝視著他。沉默有點令人尷尬，東尼敲著手指來塡補。他轉移視線，往上瞄了一眼，然後又轉回來凝視她，深深吸了口氣。

東尼．索波諾在看心理治療師。他不希望任何人知道。如果他的朋友或工作上有關係的人知道了，他們會瞧不起他——他很確定會這樣。這件事會讓他顯得軟弱。身爲犯罪集團的老大，他可不想要出現這種投射。東尼知道這項祕密被揭發的風險很低，畢竟在他的工作中，祕密是必要條件，這是犯罪組織數百年來遵守「緘默法則」（Oath of Omertà）的核心。儘管「你正在看心理治療師嗎？」這種問題不會出現在日常對話中，但這個祕密讓他覺得沉重。

爲什麼東尼對這個祕密如此在意？

長久以來，心理學家相信祕密對我們的身心健康有不良的影響，但**爲什麼**？事實證明，這個問題很難回答。多年來，許多研究者假設隱瞞的行爲讓祕密影響我們的健康。經典的實驗是讓參與者在與人交談的同時隱藏一個祕密，實驗也通常會指示另一人詢問那個祕密。但這種情況是否能呈現人們對自己祕密的完整經驗？

守密是一種意圖，而非行為

在沉默中孤單

「最困難的莫過於有一個不能說的祕密。」愛德華．史諾登擔心的不是別人詢問他的祕密，而是他該如何安全地揭露。史諾登發現，美國國安局暗地裡進行大規模的全球監視。「他們可以偷窺整個世界，不用告訴任何人。」他在自傳中這麼寫。史諾登相信，這個計畫傷害了國安局的所有宗旨，也就是保障公民自由，而不是違反自由。

史諾登決定爆料，但有兩個問題。第一，監視系統的範圍與複雜程度。爲了提出可信的資訊，史諾登必須透露監視計畫如何運作。「要揭發一項祕密計畫，也許只要說出其存在；但要揭發計畫性的守密，就必須描述其運作。」他寫道。「需要有文件、國家安全局的實際檔案——越多越好，來揭發其濫用的規模。」這就涉及第二個問題：美國政府對非法洩漏機密情資毫不寬容。「我知道，只要揭露一份文件，就足以讓我入獄。」

任何動作都不能被偵測到。國安局的電腦在雲端處理與儲存資料，會留下數位足跡；後來史諾登發現某間辦公室裡有棄置的舊電腦，不容易被追蹤。但如果有人看到他使用那些古老的電腦，會顯得很可疑，所以他在下班天黑後複製重要的檔案。「我會全身冒汗，到處看到黑影，聽到腳步聲。」他把檔案下載到一張小記憶卡裡——小到不會觸發任何金屬探測器——並藏在口袋裡以帶離大樓，有次還藏在一只魔術方塊中。「我也會把卡片放在襪子裡；而在我最疑神疑鬼時，我會含在口中，以便在必要時呑下去。」

爲了不留下數位足跡，史諾登會在他駐守的夏威夷歐胡島上開車繞圈子，到處攔截無線網路訊號來傳送檔案，而且每次都使用不同的網路。「我用不同的身分聯繫記者，戴著用一次就丟棄的面具……難以想像在網路上要保持匿名有多困難，直到你為了生命安全而這麼做。」

史諾登花了超過六個月時間來記錄祕密監視計畫，並偷偷與記者分享。等到寄出了最後的檔案，他的下一步就是逃亡出國。史諾登甚至無法告訴女友這件事，風險太高了。「我不希望對她造成更多我已造成的傷害，我保持沉默。我在沉默中很孤單。」

女友（現在的妻子）去露營旅行的那天，史諾登逃到了香港，他在那裡等著與兩名記者會面。幾天後，全世界將知道美國國安局的龐大全球監視計畫，史諾登的照片也將會登上所有新聞的版面。

祕密究竟是什麼？

史諾登描述守密的經驗為孤單與無人可分享的挫折。「我不是早就習慣孤單，這麼多年來也一直在電腦螢幕前噤聲了嗎？……但我也是人，缺少同伴很難熬。每天都被各種掙扎糾纏，我嘗試調和道德與法律、我的責任與渴望，但失敗了。」史諾登也區分了他與同事們一起守密的機密資料與他自己的祕密：他將要爆料。「至少你屬於一個團隊。也許你的工作是機密，但這是共享的祕密，因此是共享的負擔；很難熬，卻也有歡笑。不過當你有了真正的祕密、無法與任何人分享時，連歡笑都會是謊言。我可以談自己的擔憂，但絕不能談我要如何處理。」

你也許不是紐澤西州的黑道老大，或發現了政府的最高機密計畫，但東尼．索波諾與愛德華．史諾登關於祕密的掙扎仍讓你感到熟悉。在組織犯罪的戲碼之外，東尼．索波諾承受焦慮和憂鬱；除了龐大的國際監視計畫之外，史諾登與自己祕密的基本掙扎則是隔離與孤單。儘管能在對話中隱藏祕密，但東尼．索波諾與愛德華．史諾登仍感受到祕密帶來的沉重負擔。

被問到「你的祕密是什麼？」時，那也許會是你所能想像得到最尷尬的經驗，但這種經驗究竟有多常見？我從來沒直接問過我的朋友，甚至是好朋友，他們是否曾欺騙伴侶、墮過胎，或童年時曾經受虐之類的問題。不論在現實生活或心理學相關實驗裡，迴避關於祕密的問題，都不如我們所擔心的那樣常見。事實上，這些情況只呈現了守密經驗的一小部分。

那麼，祕密究竟是什麼？祕密不是實質的事物，你無法放在顯微鏡下，腦部也沒有存放祕密的區域。隱藏資訊是守密的一個動作，但這個動作本身不是祕密。用隱藏祕密的動作來界定守密的問題在於，我們不常需要隱藏祕密，隱藏祕密也不一定很困難。例如，被問及當天稍早的行動時，東尼．索波諾可以輕鬆想出很多回答，不用誠實說出「我去看心理治療師」。許多祕密不需要靠謊言來維護。因此，我們必須界定守密是一種意圖，而不是我們的行爲：**我意圖不讓人知道此事**。

當我們認知到「躲避問題」與「忍住不說」只是守密的一小部分時，對於祕密的更廣泛了解——以及祕密對生活的影響——就可以進入我們的討論。

不存在，卻感覺得到

在某一年的假期派對上，我和妻子調暗了客廳的燈光，播放壁爐燃燒木柴的影片，以增加溫暖氣氛。網路上有很多這類影片，我們選擇的那支長達數小時，還有逼眞的嗶啵聲。幾位客人分別提到他們幾乎可以感覺到電視裡火焰散發的溫暖。這不是因爲我們的電視過熱或客人喝醉了。橘黃色的光芒與嗶啵聲的經驗讓我們感受到實際的溫暖，彷彿身在眞實的壁爐或營火前。

神經成像（neuroimaging）研究發現，當人們想像一種感受時，能啓動與實際經驗相同的神經區域。這不僅說明了壁爐的幻覺，也說明了爲什麼閉眼時會比睜眼更容易想像出畫面：如果在想像畫面的同時看著某項事物，會讓人分心，因爲負責處理這兩項功能的腦部區域是相同的。

我對守密的興趣原是基於此事。就像壁爐幻覺（客人感覺到不存在的溫度），我想知道：思考一個祕密是否會導致負重感，讓其他任務變得更費力與困難？

山丘的坡度

人們對祕密有種奇特的說法，通常會說「背負著祕密」「被祕密拖累」。我對這種「負擔」的說法感到好奇，於是進行了一項實驗。我隨機指派了一群網路實驗參與者，要其中一組人想著他們所隱藏的一個「大」祕密，另一組人則去想一個「小」祕密，然後展示一系列照片，要參與者提供他們對所見景象最好的描述。第一張照片裡，參與者看到綠意盎然的公園。首先，我們問他們外面的氣溫是多少，但我們眞正在意的，是他們對第二個問題的答案：我們讓參與者看一張山丘的照片，要他們估計山丘的坡度。

當人們感覺疲憊時，會認爲周遭世界較困難與危險，並把山丘看得較陡峭與遙遠。這不是錯誤，而是人類知覺系統的特性。爬山時，你不會希望算得太剛好，以至於自己只剩下足以爬上山頂的力氣。高估山丘的陡峭程度（也就是高估爬山所需的體力），讓我們不至於陷入野心過大的處境。這就是實驗參與者的做法，他們會高估山丘的坡度（把大約二十五度的山丘判斷爲四十度），但心裡想著大祕密的參與者，會把山丘看得更陡峭。他們對周遭世界的感知彷彿背負著更大的負擔似的。

在你拿出量角器之前，要知道的是，這些估計出來的山丘坡度反映了外在世界的挑戰感。在另一項實驗裡，我們直接測量這種感覺。我們找來目前正在談戀愛的人，問他們一些情感關係的問題，其中包括這樣的重大提問：你出軌過嗎？如果他們回答有，我們會再問他們對外遇有多操心，特別是花多少精神思考，以及有多困擾。接著，我們問他們在進行某些活動時有多費力，例如拿雜貨上樓、遛狗、幫人搬家。參與者越是擔心他們的外遇，就越覺得這些活動費力。

客人感覺到假火焰的熱度，他們的腦部知覺系統要負責：它低語著**溫暖**。實驗的參與者操煩著祕密的外遇，並使其他的活動顯得更費力，同樣是腦部知覺系統要負責：它低語著**負擔**。

我本來會在這裡結束實驗，但發生了一件事。另一組研究小組重複了山丘實驗，結果並不一致：他們並沒有穩定地在思考大祕密與小祕密之間發現差異。所以我回到實驗室，試圖找出問題癥結。突然，一位匿名評論者的問題啟發了我：**要兩組參與者去想的祕密只有一字之差——所謂的「大祕密」與「小祕密」究竟是什麼意思？**評論者補充道：**大祕密不一定是「沉重的祕密」**。

多年後，我將證明這位評論者是對的。我們再次進行原先的實驗，問參與者對他們的祕密有多操心（例如那些外遇過的參與者）。與想著小祕密的參與者相比，想著大祕密的人表示出更高的操心程度。但後來發現，祕密的大小並不重要，而是對祕密越操心，判斷出來的山丘坡度就會越陡。

大小不是問題

回到我在〈前言〉裡所透露的祕密，以大多數的標準而言，「我不是你的生父」是一項大祕密；但對我的父母而言，懷著這個祕密並不總是負擔。大部分的時間裡，他們並不會去操心它；但有些時候呢，像是有人會說我弟像我爸，而我像我媽，這時我父母就無法忽視這項祕密。「小孩像誰」是新手父母經常遇到的話題，所以這個祕密在剛開始時比較有負擔，但他們告訴我，負擔會隨著時間過去而減輕，直到偶爾會發生一些事讓他們想起。雖然一直都是同樣的大祕密，但不總是讓人操心。這項區別後來會被證明很重要。

我們再次進行山丘坡度實驗，並特別要求一組參與者去想一個讓他們操心的祕密。正如我們的猜測，那些參與者對山丘坡度的判斷，很穩定地超過想著無關緊要祕密的另一組。這些研究顯示，就算一項祕密似乎很重大，但不一定是負擔；那些讓人操心的祕密，才最讓人有心理壓力。

參與者越是常想到他們的祕密，這樣的操心就越會帶來沉重感。但在目前這些實驗裡，並沒有人要隱瞞什麼。沒有其他人提出問題，更別說那些設計要讓參與者難以守密的實驗。然而正如東尼・索波諾與愛德華・史諾登，儘管無人詢問，他們還是感覺祕密帶來了負擔。

我們守著的祕密

花點時間想想以下的經驗，問問自己是否有類似的經歷？如果有，那算是祕密嗎？就算你曾跟其他人談過，如果你仍想隱瞞某些人，那麼它依然算是祕密。

・傷害另一個人（情感或肉體上）。

- 使用非法藥物或濫用合法藥物（例如酒、止痛藥）。
- 習慣或成癮行爲（不涉及毒品）。
- 偷竊（任何未經許可的占有）。
- 違法行爲（吸毒或偷竊除外）。
- 自殘。
- 墮胎。
- 創傷經驗（以上這些除外）。
- 說謊。
- 違背他人的信任（說謊除外）。
- 渴望愛情（單身時）。
- 對愛情不滿（交往時不快樂）。
- 外遇念頭（與人交往時，想與其他人交往）。
- 精神出軌（與其他人有不恰當的情感連結，並從事性愛以外的親密行爲）。
- 實質出軌。

- 交往的對象對其伴侶不忠。
- 對社交不滿（對某位朋友不滿意，或對目前的社交生活不滿意）。
- 對身體不滿意（不喜歡自己的外表或身體）。
- 受心理問題所擾。
- 在職場或學校的不當行爲（或說謊以求錄用、被接納）。
- 在職場或學校表現不佳。
- 對職業或職場不滿（對自己在職場或學校的情況不滿）。
- 計畫好的求婚。
- 計畫好的驚喜（求婚除外）。
- 隱瞞的嗜好或擁有物。
- 目前（或過去）隱瞞的交往對象。
- 家庭祕密。
- 懷孕。
- 性取向或性別認同。

• 性活動（性取向除外）。
• 無性生活。
• 隱瞞某種偏好（或無偏好）。
• 隱瞞信念（如政治、宗教、對群體的看法、偏見）。
• 財務（如開銷、擁有的資金）。
• 野心、計畫或目標。
• 異常或反規範行爲（上述除外）。
• 隱瞞特定的故事（上述除外）。

這是人們的常見祕密分類——共三十八項。這些分類是來自於我對兩千位美國居民的問卷調查，裡頭只有一個問題：你目前正持守的一項祕密是什麼？

我們在設計清單時，列入了參與者所關切的某些區別。例如，對守密的人而言，所謂的精神出軌與實質出軌之間的差異顯然很重要，所以在清單上做出了區分。同樣的，使用非法藥物本來會與其他違法活動歸於一類，但參與者告訴我們，重點在於使用藥物，合法與否並不重要。偷竊被我們定義爲未經許可的占有，通常自成一類：也許你小時候偷過東西，或你「借用」了，而且知道自己不會歸還（我在這裡承認自己兩者皆有，曾拿了我弟弟的萬聖節糖果與一位朋友的襪子）。這些祕密有許多是關於情感關係與性愛，而我們也將一再看到這個主題。有一些是關於我們的野心、事業、財務，還有一些是我們的羞愧與難堪。

我與同事在研究中使用這份清單時，會舉例說明什麼是「違背他人的信任」（偷窺他人、未經許可透露他人訊息、毀損他人財物而不告知）。同樣的，關於「渴望愛情」，我們也會舉出例子，好讓參與者了解我們的想法（愛慕某人、愛上某人、想與某人交往）。在心理問題方面，我們舉了一些例子（恐懼、焦慮、憂鬱、心理失調、飲食失調），而我們也提供了性活動的說明範例：色情影片、自慰、幻想、怪癖等等——用「等等」來涵括人們各種祕而不宣的性癖。

我與身處美國和全球超過五萬名的研究參與者分享這份清單。平均起來，他們表示曾經驗過三十八項中的二十一項，其中有十三項會守密。九七%的參與者說，他們目前至少擁有清單上的一項祕密——這些數字主要反映出美國參與者的情況。第八章論及文化角色時，我們會看看其他區域的樣本。但不管如何，我發現祕密對我們有類似的影響，不論我們來自何處。

數字會說話

在超過五萬名研究參與者提供的回答中，最常見的祕密包括謊言（六九％）、渴望愛情（六一％）、性（五八％）與財務（五八％）。

此外，約有一半參與者表示自己有家庭祕密、不爲人知的野心，或隱密的「外遇念頭」（定義爲正與人交往時，仍想與其他人交往）。前總統卡特曾在競選總統時語驚全國，他在接受《花花公子》雜誌訪問時，承認這個祕密：「我曾經懷著欲望看過許多女人。我在心裡出軌了許多次。」

當然，必須要先有這些經驗，否則無法守密，因此我們不僅要看有多少比例的人們擁有這些祕密（擁有特定祕密的人數除以總調查人數，參見圖一），也要檢視有多少比例

圖一　擁有特定祕密的比例

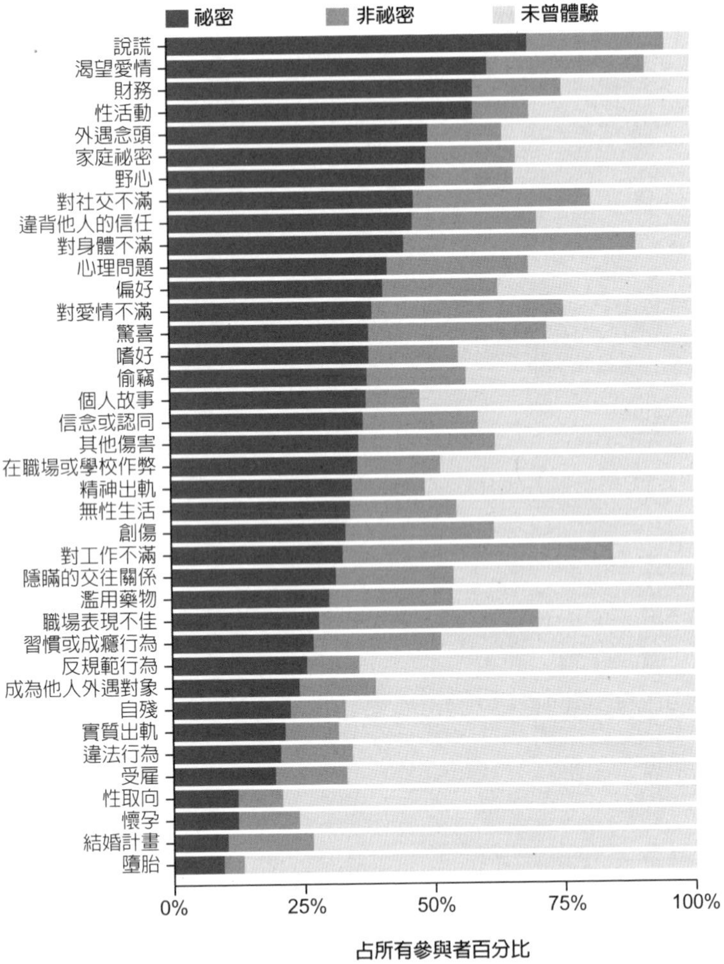

圖二　曾有特定祕密者的守密比例

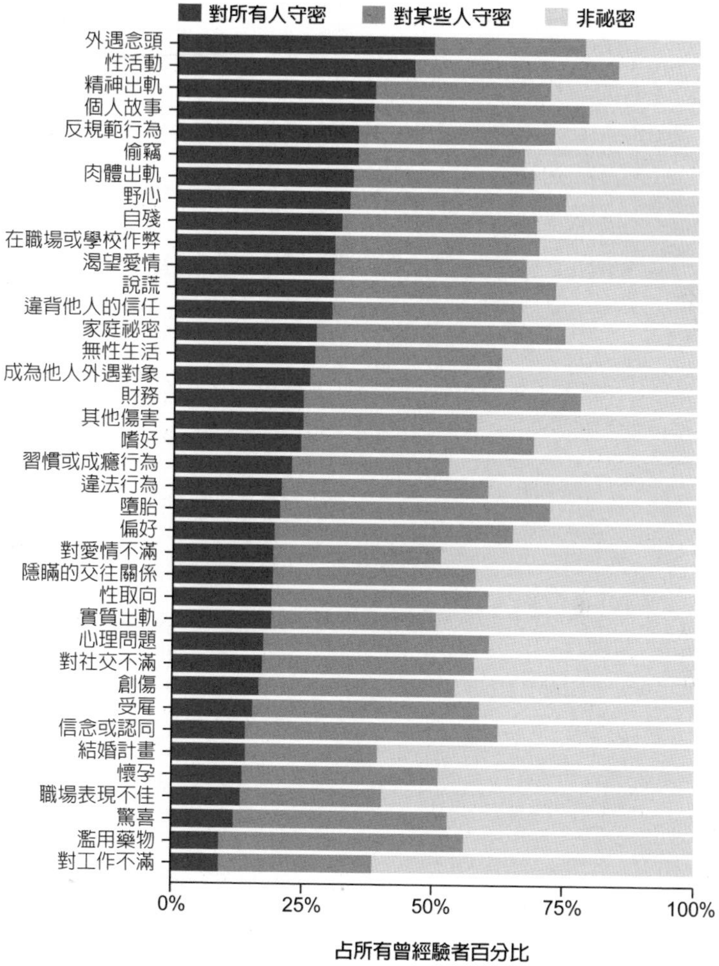

對所有人守密
對某些人守密
非祕密
外遇念頭
性活動
精神出軌
個人故事
反規範行為
偷竊
肉體出軌
野心
自殘
在職場或學校作弊
渴望愛情
說謊
違背他人的信任
家庭祕密
無性生活
成為他人外遇對象
財務
其他傷害
嗜好
習慣或成癮行為
違法行為
墮胎
偏好
對愛情不滿
隱瞞的交往關係
性取向
實質出軌
心理問題
對社交不滿
創傷
受雇
信念或認同
結婚計畫
懷孕
職場表現不佳
驚喜
濫用藥物
對工作不滿
0%
25%
50%
75%
100%
占所有曾經驗者百分比

的人會守密（守密的人數除以擁有此祕密的人數，參見圖二）。

例如，三六％的參與者表示自己有在職場或學校作弊的祕密。但這些人之中，大多數會至少對某些人守密（六九％）。

擁有外遇念頭的祕密比較常見（五○％），超過了精神出軌（三四％）或實質出軌（二一％）。主要是因爲不論是否守密，曾產生外遇念頭（六五％）的人都超過了後兩者（分別爲四八％與三一％）。此外，在這些經驗中，外遇念頭更常被守密（七七％），超過了精神出軌（七一％）與實質出軌（六八％）。

最不常見的守密對象包括性取向（一二％）、懷孕（一二％）、求婚（一○％）與墮胎（九％）。與清單上的其他祕密比較，目前在我的樣本中，對這些事情守密的人數最少。

墮胎是清單上最少見的經驗：在我的資料中，只有一七％的女性表示自己曾經墮胎，符合全美平均值；但在這項經驗中，至少對某些人守密的比例卻是最高的（七二％）。

懷孕或計畫好的求婚也是較少見的祕密，不過理由不一樣。這些祕密（連同其他的驚喜經驗）是有期限的，所以在特定時間擁有這些祕密的人較少。這些較正面的守密理由也不同於其他類型的祕密，我們將在第七章談到。

所有的祕密都含有意圖，但不一定適用於所有情況或個人。有些祕密完全只有自己知道，有些則至少與一人分享。因此，你可以有很多祕密，但完全守密的卻很少。平均來說，我發現人們同時有五個絕不告訴任何人的祕密（完全的祕密），有八個至少與一人談過、但不讓其他人知道的祕密（揭露的祕密）。這就是平均共十三個祕密的來由。

有些祕密比其他的更常傾吐。例如，表示有可能對財務細節守密的人之中，五三%會守密，但也會向某些人吐露；有二四%不會告訴任何人（其餘的人則不守密）。把這些數字與「外遇念頭」相比較，對伴侶以外的人產生愛情或性愛念頭時，只有二八%會對他人傾吐，四九%則不會告訴任何人。對其他人傾訴通常有益處，但不一定總是如此。我們將在第六章談到這一點。

當我說人們平均有清單上的十三個祕密時，你應該要知道這其實是低估了的結果，因爲這個數字所反映的其實是人們所擁有祕密「類別」的數量。同一個分類可以有兩個或更多祕密，尤其是那些涉及範圍較廣泛的，例如財務、性活動、違背他人信任或違法行爲。

你也許會想知道這些祕密如何比較？是否有哪一些更有害？我們目前還無法回答。我們需要方法來比較它們，例如某種尺規。我們將在第四章談到這個問題。

我分享的祕密清單不會涵括你的所有祕密，因爲什麼都有可能成爲祕密。但這份清單相當周全。當我要人們只告訴我目前的一個祕密時，有九二%會符合清單的三十八項分類之一。如同我們將在後續章節看到的，這意味著儘管守密的經驗可能非常具有獨特性，但我們在祕密這件事情上並不孤單。祕密遠非讓我們與眾不同的原因，反而是我們的共通之處。

祕密？還是隱私？

你看過祕密的三十八項分類後，也許會想：**嗯，我有過這項經驗，我也沒告訴過任何人，但這算是祕密嗎？**

我們有很多不說的事，但祕密之所以是祕密，在於意圖——尤其是讓資訊保持不爲人知的意圖。爲了辨識哪些經驗算是祕密，我們需要區分「守密」與「隱私」。

在畫出守密與隱私的界線時，可以把守密視爲意圖保留特定資訊，而隱私是個人資訊的分享程度。對於較注重隱私的人來說，需要夠親近才會接受你；至於那些較不注重隱私的人，也許很樂於透露個人資訊——不僅對朋友家人，也對同事與不熟的人，甚至是才剛認識的人。你也許會基於隱私與禮貌而不想在職場談自己的性經驗，但這與把某些經驗當成祕密有很大的差異。這兩種情況都是控制自己的私人資訊，只是理由不一樣。

除了性愛，金錢是另一個你也許不想說，但可能不會刻意守密的例子。或許你之所以不談論自己的薪水，並非基於隱私，而是不希望別人知道；同時你可能還意圖隱藏其他事情，例如某項不明智的財務決策。這些例子讓我們看到隱私與守密可以並存，且兩者之間有著灰色地帶。所以，我們眞的能把它們分得一清二楚嗎？當然可以，最清楚什麼是隱私或祕密的人，就是你自己。

我在研究中發現，人們覺得不道德的私人經驗或行爲比較像是祕密，而不只是隱私。我也發現，人們若認爲其他人會發現某項資訊與他們有切身關係，這項沒說出來的資訊就會更像是祕密，而非隱私。

這件事是我們從一項實驗得知的。參與者是一千名有穩定伴侶的男女，我要他們想一些未曾對伴侶透露過的事情。這對他們來說沒什麼困難的，我們都有很多這種事，從重要大事到日常瑣事。其中有些是他們認爲很不道德的，例如欺騙伴侶與捏造自己的過去。參與者表示，這些事感覺很像祕密。

但有些事情似乎與道德無關。例如有一位參與者告訴我，他很喜歡家裡只有他一個人，而且不介意伴侶週末外出；事實上，這讓他很高興。另一位參與者告訴我，她的伴侶不知道她花多少錢買紗線。這些事情感覺似乎沒那麼重要，所以就算不說出來，也不像是守密。

在愛情關係中，有個避而不談的話題是關於過去戀情的資訊。剛開始與別人交往時，我們當然會交換一些資訊，但也會覺得與目前的伴侶談論過去的親密事實並沒有太多價值。那些資訊並不是被隱藏，而是我們認爲沒有談論的需要。

我在研究中也發現，避開談論特定話題還有一個主要的原因：想避免衝突。節日餐桌上的對話可能會涉及政治，而且你的觀點爲人所知，不是祕密；但你也許寧願閉口不談，以免爭執。或許你知道無法改變家人在政治問題上的看法，既然如此，那又何必呢？說不定你甚至想到了最完美的回應，但忍住不說。這種情況完全不是因爲害怕遭到批評，才不希望別人知道你上次選舉投給了誰。

你在對話時忍住不說的理由可能有很多，守密只是其中之一。不管你採取什麼行動來保守祕密，也不管這項決定有什麼脈絡，所有祕密都有一項共通之處：你意圖不讓其他人得知資訊。如此才使之成爲祕密。

你守著的祕密

當我分享這三十八項常見祕密的清單時，大家通常會拿自己目前擁有的祕密數目與平均值「十三」相比較。他們心中的問題多半是：**我是否比一般人有更多祕密？**

要回答這個問題，重要的是要了解，你從清單中找到的祕密數目不僅反映了自己有多少祕密，也和**你多常讓自己處於傾向守密的情況**有關。所以，是什麼讓我們更容易處於這種情況？當我們這麼做時，又是什麼讓我們較有可能或較不可能守密？

當我們談到守密的傾向時，就進入了人格心理學的範疇。評估人格時，經常透過對以下五種特質的探究來了解：經驗開放性（Openness，接受新經驗與複雜事物的程度）、嚴謹自律性（Conscientiousness，有組織、有紀律）、外向性（Extraversion，熱忱、社交）、親和性（Agreeableness，有禮、殷勤）、神經質（Neuroticism，對「高度負面情緒」較沒禮貌的說法，許多人更願意稱之為「低情緒穩定度」）。

我的研究發現，無論經驗是多是少，較守口如瓶的人往往不太外向，情緒穩定度較低，但較有責任感。然而，較容易碰上「爲他人守密」情況的人，則是開放、外向與情緒穩定的，但比較沒那麼討人喜歡，也較不負責。

這意味著外向會讓你更常遇上可能得守密的情況，不過要守的祕密較少。神經質與嚴謹自律性則讓人較少碰上這些情況，但要守較多的祕密。

一般而言，我們發現較常守密的人，安穩度（well-being）也較低。但單純遇過較多守密情況的人，不一定就活得比較不自在。

這是個好消息。就算有過清單上的許多經驗，卻不意味著必須受苦。對這些經驗守密，才有可能會傷害幸福感、人際和情感關係。

你也許已注意到，清單上的祕密分類是屬於成人的。我們大部分的祕密都可以用這些分類來描述，因爲人們在成年後守密的時間遠超過童年，但成年並不是守密的開端。

第二章

祕密的誕生

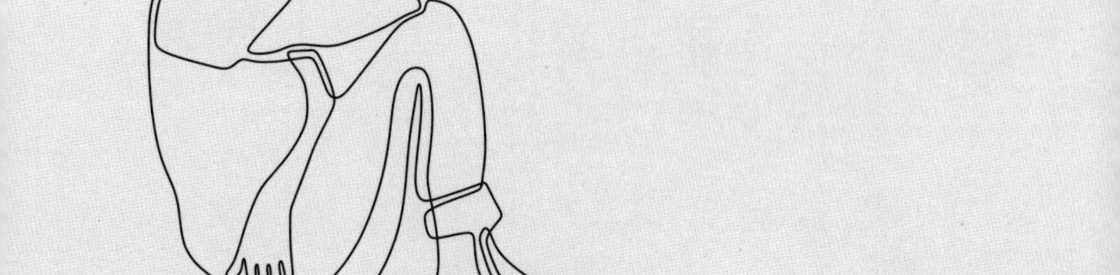

一天早上，開會快要遲到，我在公寓裡焦躁踱步。我早就該出發了，但我還在家裡，尋找鑰匙可能出現的各個地方。這項經驗太熟悉了：遲到與尋找物品可能存在的位置，卻發現它神祕消失了。看到我四處走動，妻子問我：「你在找鑰匙嗎？」——彷彿她讀了我的心。可以說，她真的讀心了。

人們時常讀心。我們每天都會提到別人的想法與感受。儘管我們並沒有進入別人心思的直接管道，但研究顯示，我們還是能從他人的行動和話語，了解他人如何思考與感受。例如，我們看得出某人對參與一項活動表現得很興奮，或只是勉強加入；就算是不熟的人，我們也經常看得出來。如果你聽到同事說：「哇，這裡好冷。」你可以合理推論這是請求你關掉超冷的冷氣。我妻子推論出我的想法（鑰匙呢？）不是靠心電感應，而是觀察我的行動（稍早她移動了鑰匙的位置，後來發現我並不知道）。

成年後，我們經常會從他人的觀點來推論對方內心的想法與感受。兒童也做得到，只是沒那麼高明，但他們會做得越來越好。當兒童對自己的心理狀態有更多關注後，他們對如何思考其他人的心理狀態與想法，就會更為敏銳，包括當這些知識與自己有所差異時。如我們接下來將看到的，這種能力讓兒童能夠守密。

守密有多普遍？

回顧上一章所說的：守密不是一種行為，而是一種意圖。有些祕密是絕不會隱藏在對話中的，而且從我們意圖隱瞞的那一刻，甚至在我們有機會隱藏之前，它就已經帶來了壓力。

動物會藏東西，但人類是唯一會守密的動物嗎？動物會把食物埋在土中，之後再挖出來。但這是為了不讓晚餐被搶走，而不是企圖不讓其他個體得知資訊。為了守密，你必須了解，你腦中的東西可能是別人不知道的。

前面我們探討了常見的祕密，現在我們要看看讓人們能夠守密的認知能力。從幼兒期到青春期，我們將探討年輕人所保守的祕密，以及他們的守密行為如何隨著時間推移。但在開始談論兒童之前，我們要先看看黑猩猩。

如同人類，黑猩猩是一種社會動物；年輕的黑猩猩會玩耍、咧嘴發笑、建立感情、擁抱親吻。就像人類，這些行為不只是嬉戲玩樂，牠們的社會階級中存在著政治；牠們也懂得暴力，甚至會建立團體來彼此開戰。黑猩猩有複雜的社會生活，但牠們有祕密嗎？如果黑猩猩會守密（或至少嘗試），我們就可以一窺其他社會生物如何彼此隱瞞，並從中看到有哪些守密經驗是人類獨有的。

野生的守密

意圖守密，意味著你需要能理解其他人的心智。當動物進行類似守密的行為時（如藏匿食物），牠們是否會考慮到其他個體的想法？舉個例子，一隻黑猩猩準備從樹葉下拿出一些食物時，另一隻黑猩猩剛好經過。如果經過的是團體中的老大，牠一定會搶走食物，所以那隻黑猩猩會等牠走過之後才拿。看起來那隻黑猩猩是想對老大守密，但也許牠根本沒考慮到老大的想法，而是遵循更簡單的規則，也就是從先前的經驗中學到的：別讓強盜看到食物。

要對別人守密，就必須知道一些資訊，同時知道別人沒有那些訊息。黑猩猩是否能了解其他猩猩不知道牠所知道的？

實驗小組把兩隻黑猩猩放在房間裡。一隻是普通的黑猩猩，但另一隻是雄性的老大猩猩。接著，研究人員把一些好吃的水果放在不透明或透明的隔間後面。如果隔間是不透明的，普通猩猩就會趁老大不注意時偷偷跑去吃水果；但是如果隔間是透明的，普通猩猩就不會去碰水果。

所以，黑猩猩確實可以了解其他猩猩看得到或看不到。但這種認知是否讓黑猩猩能夠刻意隱瞞？

埃默里大學的靈長類動物學家法蘭斯・德瓦爾（Frans de Waal）在著作《黑猩猩政治學》中描述，黑猩猩的求偶行爲比人類更直接一點。例如雄性會對牠感興趣的雌性展露勃起的陽具。他說，有一次，一隻黑猩猩正進行這種表演時，老大猩猩剛好經過，牠立刻用手遮住陽具。他也觀察到交配中的黑猩猩會速戰速決，就像父母正待在客廳的青少年。

這些行爲看起來很像隱瞞，但黑猩猩有可能並未想到其他個體的想法。也許隨著時間過去，黑猩猩會學到安靜的性交才安全。但即使在全新的實驗環境裡，黑猩猩也會有隱瞞行爲，而且牠們根本沒有建立內在規則的機會。

當人類研究者扮演老大的角色時——普通黑猩猩一靠近，就搶走牠們的食物——

其他猩猩會設法偷偷取用食物，例如趁研究者不注意時伸手拿，或安靜地開門，不發出金屬撞擊聲。但很難把這些行爲歸因於先前的經驗，因爲實驗室完全不像黑猩猩以前看過的環境。

黑猩猩似乎能了解並注意到其他猩猩看到或聽到什麼，牠們能夠有所隱瞞。但人類不只是隱瞞物品或行動，也會隱瞞資訊。那麼，黑猩猩有沒有辦法進行這種比較複雜的守密？

錯誤信念測試

想要隱瞞資訊，黑猩猩就必須了解其他個體所不知道的某些情況。研究者針對這種狀況設計了一個實驗，名爲「錯誤信念測試」。

測試如下：情境一，一塊食物放在箱子裡，普通黑猩猩與老大猩猩都看得到，但只有普通猩猩能看到第二只箱子裡也有一塊食物。在這個情境裡，老大猩猩只知道第一塊食物，所以實驗開始後，老大猩猩應該會直接去第一只箱子。

情境二，兩塊食物都放在同一只箱子裡，兩隻猩猩都看得到。接著升起一片隔板，擋住老大猩猩的視線。這時，將一些食物從第一只箱子移到第二只箱子，但老大猩猩並沒有看到食物被移動。所以就像情境一，實驗開始後，老大猩猩應該會直接去第一只箱子。

在情境一，普通猩猩知道老大猩猩沒看到第二塊食物，所以可趁老大不注意時，去第二只箱子拿食物。

但是在情境二，黑猩猩似乎無法了解更複雜的狀況：老大猩猩仍錯誤地相信只有第一只箱子有食物（牠沒看到食物被移動到第二只箱子），如同我錯誤地相信鑰匙仍在我原先放置的地方（因爲我沒看到鑰匙被移動）。但妻子知道我有錯誤的信念，普通黑猩猩則似乎不明白老大猩猩對事態有錯誤的信念。儘管普通黑猩猩可以趁老大不注意時，從第二只箱子拿食物，但普通黑猩猩表現出來的行爲，卻像是老大可能知道第二只箱子有食物，所以不敢去碰。

在某些方面，黑猩猩能了解其他個體的心智，某些方面則不行。牠們了解其他猩猩的視線，知道有些東西是其他個體沒看到的，並據此採取行動。但黑猩猩無法通過錯誤信念測試。牠們不了解自己所掌握的知識可能並未被其他猩猩掌握，因此限制了牠們守密的能力。

嬰兒能守密嗎？

人類到了某個時候，就會擁有超越黑猩猩的守密能力。我們了解自己腦中的訊息不一定也在別人腦中。但孩子們是何時跨過這個門檻的？他們何時開始守密？

嬰兒也許可愛，但他們非常不善於交談。我們無法問他們在想什麼，他們也尚未具備認知能力來玩水果實驗。所以在嬰兒階段，爲了能了解他們在想什麼，我們必須觀察其他地方，尤其是他們在看什麼。

當人類與其他動物把眼睛朝向某處時，意味著我們把注意力放在該處。例如發生預期之外的事情時，嬰兒與黑猩猩都會花更多時間注視。根據這個想法，研究者設計了適合嬰兒的錯誤信念測試——他們雖然還不會說話，但已會看東西。

想像有一只黃箱子和一只綠箱子，兩只箱子之間有一片玩具西瓜。這就是實驗的設置。有位女性坐在箱子後方，拿起玩具把玩一會兒後，放進綠箱子裡。

十五個月大的嬰兒看著這一幕。接著，一片隔板升起，擋住女子的視線：她看不到箱子，但嬰兒還是可以看到一切。神奇的事發生了：下方有一塊看不見的磁鐵移動，讓玩具滑出綠箱子，進入黃箱子！

隔板降下來。接下來，一組嬰兒看到女子把手伸進她上次看到玩具的綠箱子（她原來放置玩具的地方，但現在已經不在了）。另一組嬰兒則看到女子將手伸進黃箱子裡拿玩具，儘管她並沒看到玩具被移到那裡。

嬰兒對伸手到黃箱子拿玩具西瓜的女子注視得較久。他們似乎驚訝於看到這位女性根據她不可能得知的資訊而行動——彷彿他們預期她會錯誤地相信玩具還在綠箱子裡。但一如對黑猩猩的實驗，我們應該思考這可能與了解其他心智狀態並無關係。說不定，寶寶了解每項物品皆有其位置（玩具放在玩具箱，書本放在書架），而那名女性只是讓我們看到玩具西瓜放在綠箱子。也許這就是爲什麼寶寶看到女子在黃箱子裡找玩具時會感到驚訝：玩具不在它該在的地方！

我們必須觀察眞實的行爲，而不只是他們的眼睛，好判斷兒童是否能眞正了解祕密。一項針對十六到十八個月大幼童的實驗正是如此。在情況一，一位實驗者要兒童「戲弄」第二位實驗者，趁第二位實驗者離開房間時，把一件玩具從箱子A移到箱子B。第一位實驗者笑嘻嘻地將手指放在嘴唇上，發出「噓——」的聲音，以強調要偷偷進行。情況二則沒有戲弄：第一位實驗者在大家眼前移動玩具，第二位實驗者也沒有離開房間。

接著，第二位實驗者來到原本放置玩具的箱子A，但無法打開。要知道，這個年齡的幼童只要有機會，便很樂於幫忙；而了解他們在這種情況下如何提供協助，是很有意義的。

看到「戲弄」（情況一）的兒童知道，第二位實驗者不知道玩具被移動了，爲了幫忙，他們會指著現在放有玩具的箱子B。但如果所有人都看到玩具被移到箱子B（情況二），那麼想打開箱子A的實驗者一定有其他的理由。所以爲了提供協助，兒童應該會試著幫助實驗者打開箱子A。十八個月大的幼童正是如此，至於十六個月大的則似乎還不懂。所以與成年的黑猩猩不同，十八個月大的幼童已經了解其他人有錯誤信念的情況。

在某個年齡之前，兒童的行爲很像黑猩猩。人類寶寶與黑猩猩都會注意其他人的視線，觀察其他人的基本意圖與目標；而即使是蹣跚學步的幼童，也像黑猩猩一樣，能理解何時沒有目擊者。

兒童超越黑猩猩的地方在於，能了解資訊就像物品一樣可被隱藏，但這種理解需要時間來發展。經年累月之下，他們守密的能力也逐漸進步。

學齡之前，正在練習守密

如果你身爲父母——就算你不是——你會知道學齡前的兒童需要看顧。等他們開始會走路，他們就能離開監護人的視線。兒童有很多機會搗蛋，所以兒童最早的祕密通常是關於想隱瞞自己闖的禍。

隱藏闖禍與意外

兒童最早的守密行爲通常很好笑。例如有一位父親說，兩歲大的女兒喜歡吹熄蠟燭，雖然她知道這是被禁止的。一天晚上，這位父親發現有一根蠟燭熄滅了，而他的女兒異常安靜。然後他發現女兒躲了起來。她承認自己吹熄了蠟燭，所以想逃走。另外有一名三歲男童偷吃了巧克力，他知道不該如此，於是躲在臥室的衣櫥裡。

學齡前兒童常用否認來隱瞞自己的行爲：一名三歲男童否認吃了餅乾，但嘴唇上沾有餅乾屑；一名女童否認偷用母親的化妝品，但臉上都是口紅。

很遺憾的是，對父母而言，兒童最初的守密通常發生在學會上廁所之前。所以三到五歲的兒童有個很常見的祕密：尿床或尿褲子（我也聽過兒童會尿在不適合的地方，例如桶子或購物袋）。這些事通常很快就會被發現，但即使孩子成功地隱藏證據，被詢問時仍多半會立刻坦承。如三歲大的女童成功隱瞞了意外，直到她被問到：「你爲什麼換了新褲子？」

這個年齡的兒童通常會想隱瞞自己搞出的亂子。三歲大的幼童坐在自己灑出來的積水上，卻沒想到會留下濕屁股的證據。四歲大的幼童用身體擋住自己畫在牆壁上的塗鴉。五歲大的幼童把一桶水倒進臥室，想做個游泳池，等到發現差太多之後，只簡單地把門關起來，想隱瞞自己的錯誤計算。

這種守密程度很像成年黑猩猩，隱瞞的做法也往往顯得很好笑，儘管牠們還會做出更多兒童不宜的舉動。假設黑猩猩老大逮到其他雄猩猩在牠面前與雌猩猩交配（大不敬），冒犯了老大的黑猩猩可能會立刻用手遮住私處，好像這麼做就可以隱藏犯罪現場。甚至就算偷偷交配成功，犯規的猩猩仍會行跡可疑，就像女童拒絕回答爲什麼她換了條新褲子。德瓦爾在著作《好性情》中提到，有隻順服的公獼猴曾偷偷與母獼猴交配。儘管獼猴老大不可能知道犯行，但那隻獼猴在事後仍對獼猴老大表現出異常的順服，甚至咧嘴發笑。

然而與黑猩猩不同的是，兒童會說話。到了三歲時，兒童有能力進行較複雜的口語表達，這意味著他們不僅可以在面對證據時矢口否認，也可以與其他人分享祕密。一名三歲大的幼童喜歡上托兒所的另一名女童。某天，他母親問他今天想做什麼，他望向別處，說出自己的祕密：他想快點結婚。

這個年齡的兒童也會與父母分享不該分享的祕密，如一名三歲女童小聲告訴父親，她有一個祕密。父親問她是什麼，她悄悄告訴父親，她剛與母親去店裡買了父親節禮物。

蠟筆與蠟燭

要了解守密行爲如何在童年形成，且讓我們回到錯誤信念測試。幼童之所以能了解其他人的行爲，是由於意圖的引導；而看到他人的行爲是根據對方不可能知道的訊息時，他們也似乎會感到很驚訝。但如果要幼童想像「有個小男孩把巧克力放在藍箱子，母親在他出去玩耍時，把巧克力移到綠箱子」，得要四歲以後的兒童才能確切地表示，等小男孩回來後，他會預期巧克力還在原來的藍箱子裡。

幼童明顯能了解別人的信念，但是要到四歲左右，才能穩定地在錯誤信念測試說出正確的答案。不過這裡的問題不在於語言能力不足，而是其他的因素。

在簡化版的錯誤信念測試中，研究者拿著一盒蠟筆問受試兒童：「你覺得裡面是什麼？」孩子們都很熟悉蠟筆盒，所以很自然會說是蠟筆。然後研究者打開盒子，結果裡面不是蠟筆，而是蠟燭。接著又問同一個孩子：另一個沒看過盒子裡面的人，會認爲裡面是什麼？四歲到五歲的兒童知道正確的答案是蠟筆；若沒有不同的資訊，其他人也很自然會認爲蠟筆盒裡面是蠟筆。但三歲的兒童會說，其他人會認爲蠟筆盒裡裝著蠟燭。他們還不太能想像其他人不知道他們所知道的。

接下來的發展更有趣。在另一個實驗情境裡，當孩子們知道盒子裡是蠟燭後，研究者蓋上盒子問：「你們一開始看到盒子這樣蓋著時，你們認爲裡面是什麼？」三歲大的兒童通常會堅持說，他們一直都知道盒子裡是蠟燭。

也許你認爲這些孩子只是裝傻亂來，他們當然知道自己剛才相信盒子裡裝著蠟筆。但事情似乎並非如此。在後續實驗中，受試兒童猜測了盒子裡的東西，只是還沒有打開來看到蠟燭。接著，實驗人員說：「那裡有一些紙，你們何不去拿來用蠟筆畫圖？」等到孩子們拿了紙回來後，實驗人員才打開盒子，露出蠟燭。如先前的實驗，孩子們經常會錯誤地說，他們本來就知道盒子裡是蠟燭。但是當實驗人員再問「那你們爲什麼要拿紙？」時，可憐的孩子毫無頭緒，多半只會說「我不知道」。他們只是無法想像自己剛才相信盒子裡有蠟筆，所以才會去拿紙。

這究竟是怎麼回事？若要通過簡化的錯誤信念測試，孩子們需要了解自己目前的想法是來自於過去的經驗；越能回憶過去經驗，就越能通過錯誤信念測試。

幼童並不是無法想起剛才發生的事，而是爲了能記住獲取新資訊的經驗，他們必須先注意自己的內在心理經驗。只是他們不是一直都能如此。

牙刷與記憶

「我要問你一個問題，但我不要你大聲說出答案。把答案當成一個祕密，好嗎？」在這項實驗裡，一位研究者要五歲兒童安靜地思考問題。「世界上大部分的人在家裡都有牙刷，而且他們把牙刷放在一個特定的房間。現在不要大聲說出來，當成一個祕密：你家的哪個房間有牙刷？」研究者把手指放在嘴唇上發出「噓——」的聲音。他讓孩子安靜坐著一會兒，然後問：「你在想什麼？」只有三一%的五歲兒童會說，他們在想牙刷放在浴室裡，而大部分的兒童（六三%）會說他們什麼都沒想。這件事發生在教導他們思考某件事意味著什麼之後。這表示孩子們並沒有注意自己在想什麼。

這並不是說年幼的孩子無法關注自己的內在世界，他們只是需要一些練習。在蠟筆盒測試的最後一個階段裡，研究者再次要孩子拿一張紙來畫圖，接著問其中一半的孩子：「你要用什麼來畫？」「你要用什麼顏色？」這樣可以幫助孩子創造更複雜的錯誤信念回憶。與沒有花時間思考自己意圖的孩子比較，思考要用什麼來畫的孩子，通常會正確地說他們本來相信盒子裡有蠟筆。若沒有練習，幼童不會太注意內在思考，使得這類的實驗較難以進行。

孩子越是注意自己的心理歷程——注意他們知道的與學習到的——形成的記憶就越複雜，也就越能認識到自我的存在。有了這些發展，孩子開始注意他們所目擊的事件，以及誰在場或不在場。這讓他們能了解自己何時掌握了別人所不知道的資訊。

童年中期，難為情的祕密

到了六歲左右，兒童已知道過去的經驗會累積成爲知識與個人回憶，這除了會擴展他們對自我的了解，也讓他們能理解什麼是祕密。同時，兒童不但更能了解其他人的想法，也更能守密。例如一名六歲女童一直在囤積糖果，並將吃完的糖果紙放在一只小鐵罐中，沒有其他人知道。她的行爲本來不會被發現，直到母親打掃房間時打開了鐵罐。

到了這個年齡，雖然還稱不上什麼犯罪天才，但此時的兒童更善於隱藏證據。一名六歲女童把不愛吃的晚餐藏在地板的通風口裡，本來很有效，直到家裡的小狗跑來舔通風口。一名六歲男童的想法則很到位，用他的「魔術筆」與「隱形墨水」在牆壁上寫字，只有在某個角度的陽光照射下才看得到。本來這是完美的犯罪，如果他寫的不是「艾力克斯最棒」。

孩子都不希望挨罵，所以他們用守密做爲藏匿搗蛋證據的手法是很合理的。但守密遠不僅於此（對兒童與成人皆然）。祕密意味著你藏起某部分內在世界不讓人看到，不管是搗蛋或遊戲。所以除了闖禍，我也聽過一些可愛的故事，關於孩童們的祕密成就、野心、愛慕與親吻。

隨著換位思考的能力增加，兒童會思考更多關於自我的事，尤其是與他人的關係。附帶效果是增加自覺，這使得兒童開始對自己的某些癖好感到難爲情。例如想像的朋友很常見，但孩子們可能擔心別人知道這件事，當父母經過時，他們會立刻停止與看不見的朋友交談。

隨著孩子成長，他們可能會有更多難爲情的祕密。一位家長告訴我，她發現八歲大的女兒在她經過時，會立刻藏起手機。這當然讓人起疑，所以母親要女兒交出手機。原來女兒是在看人們熱吻的影片。

超越猩猩

我們追蹤了兒童理解自己與他人心智的發展過程，以及伴隨而來守密能力的發展。要隱藏某項物件或行動，必須了解其他人能看到或聽到什麼。兒童與黑猩猩都展現出這種能力以進行藏匿，但人類的守密與猩猩有兩處不同。

首先，黑猩猩不了解猩猩老大並不知道牠所知道的，但兒童到了四歲之後，就能通過錯誤信念測試的所有情況，知道父母目前並不知道那些他們沒看到的行爲。兒童也能敏銳地察覺到該如何思考自己與其他人的心智，並知道自己擁有其他人所沒有的資訊。他們了解，那些存在於自己腦中的訊息，並不一定也存在於其他人腦中。

言語在這裡提供了很大的幫助。當父母對孩子使用較多有關心理過程的字詞，如「知道」「了解」與「回憶」，以引導孩子注意自己的內在世界時，孩子就更能回憶過去的經驗，也更能了解他們擁有別人所沒有的資訊。

練習也有很大的幫助。兄弟姊妹較多的孩子對於思考他人的心智會更敏銳。此外，上學也提供了更多的練習：閱讀、寫作與算術等課程能讓孩子專注於自己的心理過程；教室與學校操場讓孩子進入與同儕互動的叢林裡，迫使他們更注意其他人的心理狀態。

其次，隨著孩子練習換位思考，他們開始說故事。一旦他們更能了解別人的觀點，這些爲了守密而說的故事就會更可信；例如瓶子破了，是貓幹的好事，而不是什麼鬼。但孩子說故事不僅是爲了隱瞞，他們也會藉此來揭露。這是人類守密行爲與黑猩猩的第二項不同之處：我們透露祕密給信任的人。

孩子了解，自己可以在與人分享祕密的同時對其他人守密。例如一名七歲女童告訴母親，她的手環不是普通的手環，而是自己的祕密幸運符。但她向母親透露這個祕密有一個條件：她要母親承諾不告訴任何人，連家裡的小狗都不行。

分享內在世界

孩子在童年中期遇到的同儕互動激增，而他們也由此開始發展友誼：眞正的友誼。學齡前的朋友只是剛好在自己周圍的玩件，等到大一點之後，孩子們就能採取別人的觀點，注意到某些孩子與自己更契合，讓友誼在相似與喜歡中建立。孩子們彼此分享私人故事，開始建立更深入的連結。

孩子知道自己有內心世界，除非分享出來，否則只有自己知道。他們也開始在內心世界裡畫分出一塊特別的區域，不是爲了把一切都留給自己，而是分享給值得的其他人。一名兒童把祕密描述爲「你爲別人保存的一件事」。當被問到什麼是祕密時，孩子會說祕密是你可以告訴朋友而不會被嘲笑的事情；孩子也會告訴你，和某人之所以成爲**最好的朋友**，就是因爲彼此分享了祕密。

然後，情況開始改變。

青少年時期，開始隱瞞不說

「大致上，我的生活完全正常。」電影《親愛的初戀》的第一幕，就是青少年賽門的獨白，說著生命多麼美好。他有親密的家人、兩個從幼稚園就認識的好友，與一個他覺得彷彿認識了一輩子的新朋友，兩人什麼事都一起做。「我有完全正常的完美生活，」他說，「除了我有一個天大的祕密。」賽門是同性戀，他還沒向任何人出櫃。

賽門的祕密很麻煩。有一次他與父親看電視實境秀，雖然這個節目是關於主角如何找到未來的妻子，但爸爸說，這個主角顯然是個同性戀。這讓賽門極不自在。每當對話讓賽門想起自己的祕密時，你都可以看到他臉上的不自在。賽門知道，如果朋友與家人發現他的祕密，他們都會接受與支持。那麼他爲何還不出櫃？首先，談到戀愛傾向會很尷尬。賽門嫉妒異性戀者不需要談論這種話題：他們不需要解釋自己是異性戀。其次，賽門不確定自己的戀愛傾向有一天是否會改變，這種不確定讓他更不願意任何人知道他的祕密。

最後，賽門匿名在網路上認識同校的一位同學，對方也沒有公開自己的同性戀身分。諷刺的是，這讓賽門更難以守密。他雖然感激同學的支持，但這讓他更在意自己的祕密。他在學校很難專心，總是心神不寧，就算與朋友在一起，也時時想著自己的事。

你是誰？

兒童進入青春期後，除了有更大的社交網路，也與更多人互動。青少年表達自我與交換觀點、想法和故事的能力增加，更加深了他們的人際關係。他們不僅能與同儕建立有意義的關係，若有機會，也會認識非父母的成人，如老師與朋友的父母。但青少年會跟這些人聊些什麼？大多數情況下，他們會談自己。

隨著孩子們開始更加關注自己的經驗——同時伴隨著自己的經驗增加——其知識基礎與個人回憶也跟著增長。幼童也有很多記憶，但沒有組織成章節，而是鬆散如塞在抽屜裡的紙張。相較之下，青少年的回憶有如自傳。他們發展出敘事，以組織重要的過去回憶，好讓自己有更複雜的故事可說。建構與分享生命敘事能幫助青少年發展身分認同，以回應越來越大的壓力，來尋找並眞誠面對自己，直到成年後仍是如此。

青少年時期通常會有個「逐漸脫離過去自我」的過程——完全由家庭生活包圍和塑造的自我。來到自我的新領域時，青少年會想與自己的家庭有點距離，但遺憾的是，對父母而言，這個過程並不總是很平順地進行。青少年一旦嘗到了獨立的滋味，往往會盡一切可能與父母分開。我聽過父母抱怨，就連一起出遊時，青少年也常盡可能與父母保持物理上的距離——我記得自己也曾如此。這類行爲比較具象徵性，而不是眞正的自立訊號，所以青少年並不會止步於此。他們對於必須遵守自己不同意的規矩感到挫折，但也很快就明白，他們確實能掌控一件很重要的事：選擇向父母揭露哪些訊息。

為了避開父母的控制，青少年會對各種父母想控制的行爲加以守密：喝酒、約會、逃學等。幼童也許願意與父母談論偷偷愛慕的對象，但到了青春期，關於愛情的發言就會驟降。

青少年會區分受父母控制與個人的議題——當然，父母會想插手。青少年認爲，個人議題通常與品味和愛好有關，如衣著、髮型、生活方式（像是飲食與就寢時間）、友誼與情感關係，還有父母與青少年都寧願不談的議題：性愛。

父母在這些議題上究竟擁有多少權威，雙方對此的看法差異有可能導致衝突，但其實可以避免，方法正如許多青少年所學到的：隱瞞不說。在某種程度上，這是青少年情感發展健康且正常的一部分，是讓他們與家庭分離、培養獨立感的必要步驟。但這什麼時候會成爲問題？

當情況變得複雜

雖然我們描述了守密如何從一開始發展到青少年階段，但還沒有討論它可能帶來的任何傷害。

在這裡，我們專注於討論**兒童及青少年與自己行爲有關的祕密**，而**不是**按其他人的要求守密——這通常會是問題；尤其當這要求是爲了掩飾他人的有害行爲時。

童年時關於小意外與闖禍的祕密似乎不會造成太大傷害，偶爾說謊來隱瞞，也不一定是嚴重慣性欺騙的證據。但長大後就很不一樣了，這也許是因爲青少年會碰上更複雜的情況與更多麻煩，例如未成年飲酒、吸毒、青少年戀愛。這些行爲可以成爲友情與冒險故事的背景，但如果**問題一直持續**而沒有處理，那麼對這些事情守密，只會讓狀況更糟。

對父母隱瞞某些祕密，例如感覺消沉、因學業遇上困難或使用藥物而感到糾結，或一直感到不舒服、憂鬱、羞愧，可能會讓青少年面臨從憂鬱到孤獨再到行爲不良等一連串風險。這是從青少年守密相關的研究中所發現的，但很難確定究竟是守密本身造成這些問題，或者守密只是其他問題的症狀。如果生活一帆風順，青少年和守密有關的掙扎就會比較少；但對那些命運多舛的人來說，守密也許是面臨困難時的一種反應，而非原因。然而就算守密不是問題的起因，也會讓問題加劇。

當然，父母對青少年子女的了解程度並非完全出自青少年的選擇，父母也有一些責任。當青少年預期父母對他們的揭露會有負面反應，可能是不同意、憤怒或某種懲罰時，他們更可能閉口不談。在信任感很低的關係中，即使好意地鼓勵對方分享，都可能讓人感覺是陷阱，因為青少年會把父母的探問當成試圖控制。

但是當青少年相信父母願意表達理解、同情與接納，並以合理的方式回應自己的分享時，會較願意傾訴、求助與更自由地揭露。要父母在當下如此回應可能很困難（祝你好運），但這麼做是保持溝通管道暢通的最有效方法。

如果青少年與父母有健康的關係，就更有可能主動分享生活上的事，像是上課的情況、朋友發生的事情等。在健康的關係中，分享可以成為習慣。但如果父母與子女的情感連結較少，他們的對話就會較短，也較不深入。在不健康的關係中，不分享會成為習慣。但不論子女與父母的關係品質如何，青少年總有些事情會讓朋友知道，卻不讓父母知道。

相較於有可能不了解孩子或懲罰不規矩行為的父母，告訴朋友比較安全。大多數情況下，朋友最能了解青少年的情況；他們甚至有可能正在經歷類似的事情。所以青少年往往最想獲得朋友的建議與看法，還有他們的社交認同。

感覺不確定或擔心被拒絕時，守密是常見的反應，但正是在這些時候，我們才更需要可信賴的朋友。青少年交友的最高目標是社交認同，他們渴望同儕的認可。青少年有其特定的行爲與言談方式，也會注意其他人的反應。因此，當他們感覺消沉時，就會更擔心自己說錯話。

在青少年快速變遷的社交世界裡，連結與人際關係不停變化，對於遭拒與不認可的擔憂會壓過彼此信任。在這種時候，守密是低健康程度與不安的最早期徵兆。

這是賽門的困難。在某些方面，他非常想把自己的祕密告訴朋友與家人，但他無法敞開自己。把煩惱與擔憂當成祕密，像賽門這樣的青少年就此關閉了他們可能得到的幫助與支持。

成人的守密也在此時誕生。

第三章

心智的祕密

祕密如影隨形

伊利諾州庫克郡的兩位公設辯護人戴爾．高文卓（Dale Coventry）與詹米．康茲（Jamie Kunz）有個祕密：他們知道，自一九八二年起因為謀殺罪而被判終生監禁的奧頓．羅根（Alton Logan）是無辜的。他們之所以知道，是因為有其他人坦承犯案。儘管他們因這項訊息感到痛苦，但他們在法律上無權分享，被迫守密多年；羅根則為了他沒犯的罪坐牢。

一九八二年一月，艾嘉．霍普（Edgar Hope）與娜汀．史馬特（Nadine Smart）走進芝加哥的一家麥當勞，霍普的幫手安德魯．威爾森（Andrew Wilson）則在車上等待。霍普與麥當勞的員工發生爭執，兩名保全人員朝霍普與史馬特走來。霍普本來就因搶劫而遭警方追捕中，當威爾森從車上看到爭執後，便拿著霰彈槍進入餐館，舉槍喝斥保全人員後退。霍普立刻打倒一名保全人員，搶走他的槍，並用槍指著保全人員的腦袋，然後扣下扳機；此時威爾森也開槍射擊另一名保全人員的胸部。接著，霍普、威爾森與史馬特逃離犯罪現場。胸部中槍的保全人員當場死亡，但另一名保全人員活了下來：霍普扣下扳機時，他舉起手臂遮住頭，擋住了子彈。

娜汀．史馬特稍後回到麥當勞，警察仍在現場。她告訴警察，自己目擊了槍擊過程，想提供資訊。爲了保護殺人的威爾森與自己的共犯身分，她告訴警方，犯案的是奧頓．羅根——她從小就認識羅根，所以立刻認出是他，而且她知道羅根也有前科。一九七四年，羅根搶劫一名老人，駕駛贓車逃逸後被捕，坐了五年的牢，是個適合嫁禍的對象。

麥當勞槍擊案發生的兩天後，出獄兩年來一直循規蹈矩的羅根，晚上回家得知警方在找他。母親要他去連絡警察，他立刻照做。警察把他帶到警局，他也在那裡整晚接受警方偵訊，直到清晨才回家，並以爲整件事就此結束，沒想到一個月後，羅根半夜聽到敲門聲。開門後，他看到數名警察舉槍對著他。羅根被逮捕了。

警探在警局問羅根是否願意接受列隊指認，他同意，甚至放棄了找律師的權利，還告訴警方：「我不需要律師。我什麼都沒做。」結果事情變得更糟糕。當天在麥當勞受傷的保全人員列隊指認，並錯誤地指認羅根爲槍手。

眞正的槍手威爾森那天雖然順利逃脫，但不久後就落網了。在羅根被捕兩天後，兩名警察在淩晨兩點攔下安德魯．威爾森，並在爭執發生後爆發槍戰，兩名警員殉職。這次凶手是誰，毫無疑問。安德魯．威爾森因謀殺兩名警員而被判終身監禁，且不得假釋。

三人入獄後不到一個月，射傷麥當勞保全手臂的艾嘉．霍普告訴律師，他從未見過奧頓．羅根，槍殺另一名麥當勞保全的人是安德魯．威爾森。這項資訊很快就從霍普的律師傳到威爾森的律師高文卓與康茲那裡——庫克郡的兩位公設辯護人。他們去見了威爾森，威爾森也坦承犯案。這項證據可以證明羅根無罪，但威爾森拒絕公開他的供詞。

威爾森不肯合作，使得律師們無法補救判決上的錯誤。受到律師與委託人保密特權限制，高文卓與康茲必須對羅根其實是無辜一事守密。但威爾森同意律師在他死後公布他的供詞，高文卓與康茲只好採取他們唯一能做的法律行動：兩人寫下一份公證的證詞，詳細描述他們得知羅根無辜，凶手另有其人。他們封起文件，放入保險箱，在接下來的二十六年裡完全沒動過。

威爾森在監獄服刑到二〇〇七年，最後自然死亡，這讓高文卓與康茲終於可以揭露羅根的無辜，而他也終於無罪獲釋。

在這將近二十六年裡，高文卓與康茲不得不守密；儘管他們知道，這件事一旦揭露，就可以讓無辜的人獲得自由。這項祕密對他們來說是沉重的壓力。高文卓說，每當聽到被冤判的囚犯獲釋，就會讓他想到羅根。他怎麼可能不想起羅根？康茲也經常思及這個祕密：據他自己估計，一年約兩百五十次。這項祕密折磨著他們，但被問到如何折磨時，他們都沒有說出某個用來迴避他人問題的故事；而在描述身上的負擔時，他們反而會說這個祕密有多常回到自己腦中。

不管採取什麼行動來守密，有**祕密**，表示有**意圖**：不讓某人知道某些資訊。我們的心智會根據意圖來安排優先次序，並一直尋找機會來執行。但這也意味著，我們的心智會回頭思考祕密，就算旁邊沒有其他人。我們的祕密如影隨形。問題通常在於，我們多半獨自與祕密共處。

處理傷痛

一九八三年十一月初，南方衛理會大學的心理學教授詹姆斯・潘尼貝克（James Pennebaker）寄出問卷給最近喪偶的人。他與自己指導的研究所學生獲得許可，從當地驗屍官那裡取得了近期自殺與意外死亡者有關的檔案。他們列出了死者仍存活的伴侶清單，並寄信給清單上的每一個人。信封裡有兩頁問卷與一封信，說明研究者想了解人們如何處理傷痛。約有半數的人塡寫了問卷並寄回。

研究者問參與者，他們會與朋友談論伴侶的死亡到什麼程度，而參與者也塡寫了健康調查表，說明他們在喪偶前後是否有任何疾病或健康狀況不佳的徵兆。如研究者預期的，參與者表示，喪偶一年內的健康狀況較差。不管他們是如何失去伴侶的，參與者身上的健康問題平均從一個增加到二至三個。

潘尼貝克的研究並不是關於祕密，而是傷痛。在一項足以改變他個人職涯的研究中，他發現，參與者越少與朋友談到自己去世的伴侶，健康問題就越多。談論悲傷的人似乎比那些不談的人更健康。

因此，在悲傷的應對上，談論似乎比不談更好。但潘尼貝克考慮到：會與別人談論悲傷的人，或許只是因爲有較多朋友可聊，所以健康狀況較好。然而他也發現，就算擁有相同數量的親密朋友，較少與朋友談論傷痛的參與者，健康問題也較多。

潘尼貝克又問了參與者一個問題：他們發現自己有多常想到伴侶過世的事？回答顯示，越常與朋友們談論悲傷，就越少想到伴侶的死亡，所經歷的健康問題也較少。

關於悲傷的研究給了我們兩個疑問：爲什麼談論悲傷反而會減少對它的執著？如果談論困難的經驗比不談更好，是否意味著刻意守密是有害的？

「有時我厭惡自己的工作，我不想靠近病人。」

「身爲安寧病房志工，有時我覺得自己需要被認可，這讓我覺得內疚。」

「當我感覺情緒負擔太重時，我會刻意與一些病人和家屬保持距離來保護自己，儘管我覺得他們也需要情感支持。」

你們可能猜得到，這些話引述自安寧病房的工作人員。在潘尼貝克研究喪偶者的同時，聖塔克拉拉大學的心理學教授戴爾．拉森（Dale Larson）則是在研究安寧病房工作人員，而他也發現，談論情緒負擔比不談更有幫助。安寧病房的工作人員經常把掙扎放在心裡不告訴別人，甚至不告訴病房裡的其他同事。他們的工作在情感上非常勞累，而他們的處理方式就是不去談。

安寧病房的工作人員經常責怪自己感覺疲倦、消沉、無力，卻都不會說出來。因爲沒人談論，使得大多數工作人員都不知道自己的經驗有多普遍。他們沒有分享這些困境，而是藏在心裡，感覺孤立與隔絕。就像上一章所談到的電影《親愛的初戀》主角，安寧病房的工作人員並沒有在最需要支持時敞開自己。這項研究讓拉森好奇，爲什麼人們如此不願意透露自己的問題與內在掙扎？

拉森問參與者「碰上壞事時，我會放在心裡」「我的祕密太丟臉，無法跟別人分享」之類的問題，並要他們回答同意或不同意。有超過一百項研究都使用他的問卷，而這些結論也很明確：**如果你處理問題的慣常做法是完全只有自己知道，那你就有麻煩了**。拉森發現，除了健康問題，慣性守密還會伴隨著其他不良的應對策略，例如逃避問題而不是面對它，或是預期別人會對揭露祕密做出惡劣的反應。

由此可以推論，我們先前談到悲傷者的健康狀況不佳，是因爲他們多半缺乏健康的問題處理方式，不談喪偶之痛，就是這種不健康的應對方式之一。拉森發現，對情緒困難保持靜默，也會伴隨著無能感（feelings of inadequacy）、擔心負面評價、因過於羞愧而不敢表達之類的內在掙扎。

但因爲太羞愧而不敢表達，並不等同於守密。美國聖母大學心理學教授安妮塔・凱利（Anita Kelly）提出疑問：假設現在有兩個人，他們都有不願向別人求助的不健康習慣，但其中一人有祕密，另一人沒有，會發生什麼事？和拉森一樣，凱利測量了參與者不處理問題的不健康習慣，她也發現隱瞞問題與健康不佳有關。但她同時還發現，比起沒有重大祕密的大學生，有重大祕密的人更會說他們享受生命。讓人很好奇這些大學生究竟有什麼祕密。猜猜看？結果，大部分的祕密都是關於性愛與戀愛。

這些研究顯示，不把情緒問題告訴別人的做法往往會伴隨著其他的有害習慣，例如逃避問題而不是處理問題。除了這些不健康的習慣之外，也不是**所有**祕密都有害，有些可能很刺激，如與性愛和戀愛有關的祕密。同樣的道理，守密也不是必然有害。所以，要如何區分有害與無害的祕密？

這裡輪到我上場了。我開始在哥倫比亞大學工作後不久，與一位研究生建立了一份人們的常見祕密分類清單，也就是我在第一章所分享的。有了清單後，我們開始提供給參與者，並針對他們所擁有的祕密一一提問。當我們看到一個人的完整祕密後，就不會只是問：「祕密是好還是壞？」而是能進一步問：「哪些祕密傷害了你？爲什麼？」

公園裡的祕密，心中的祕密

對許多人而言，九月會讓人聯想到秋天的景象：學生回校上課、輕薄的外套、落葉。但是在紐約市，夏季依然強勢。建築物、人行道與馬路上的高密度混凝土與瀝青吸收了暑熱，讓溫度不斷上升。九月的某天，陽光強烈地照在一位年輕研究者艾德恩（Adrien）身上。他來到中央公園，肩上掛著一只帆布袋，還拖著一只冰桶，他找到一片草地，人們成群坐著。他的袋子裡裝滿了問卷、板夾和筆，冰桶裡則裝滿了瓶裝礦泉水。

一開始，艾德恩必須鼓起勇氣，好接觸一群陌生人，幾次之後，他終於熟練。他準備了一篇開場白來解釋他是個正在進行研究的學生，並問這些陌生人是否願意填寫很短的問卷？在大熱天裡，艾德恩必然會提到他有冰涼的礦泉水，好感謝他們的參與。艾德恩拿出夾有問卷的板夾，並希望上面的問題不會嚇跑人。例如第一題：**「你是否曾在情感或身體上傷害過其他人，並保守這個祕密？」**第二題：**「你是否使用過禁藥，或有毒癮，或濫用合法藥物如酒或止痛藥，並保守這個祕密？」**諸如此類的。

我們知道，在中央公園被陌生人要求完成一份關於祕密的問卷，聽起來可能有點奇怪，甚至可疑。但得知我們的研究是要了解祕密如何影響人們，讓我們更能處理祕密後，大多數的人都願意配合。幾週後，艾德恩在公園草地上找到超過三百人同意回答關於祕密的問卷。正如我們所希望的，參與者背景與年齡的分布很廣，來自不同的地方，包括從二十九個不同國家來到紐約市的觀光客。

我們不只是計算參與者有多少祕密，也針對清單上的祕密提出特定的問題。有一題是詹米．康茲回答過的：根據他自己的估計，關於「奧頓．羅根是無辜的」這個祕密，他一年會想起約兩百五十次，或平均每週五次。

當我們要求公園和網路上其他數千名參與者做出類似的估計時，我們發現：每個祕密每週平均會在腦中出現三次。但如果要參與者去看自己最重要的祕密——讓他們感受最強烈的——他們說，每週平均會想到二十次，比康茲的估計高出四倍。

只是，爲什麼要討論我們有多常想起一個祕密？康茲之所以告訴記者，他有多常想起那個祕密，是爲了說明祕密對他造成的壓力。我們在公園進行調查時，也有這樣的發現。除了問參與者有多常想起每一個祕密（特別是當他們不需要隱瞞的時候），我們也想了解每個祕密對他們日常生活的安穩程度有多大傷害。參與者的回答是，**越常想起自己的祕密，就越感到不安穩**，甚至連不需要在言談中隱瞞的祕密也是如此。

這些研究，連同我在第一章提到的山丘坡度研究，說明了祕密帶來的壓力中，有部分來自於祕密會占據我們的心思。但如果思考祕密如此有害，我們的心思又爲何會如此頻繁地回想它呢？

遊走的心智

人類的心智很容易脫離當下的環境。我們盯著一項必須完成的工作或雜務，但心思早就跑到了其他地方。就算在與另一個人對話時，思緒也會亂飄，讓你必須尷尬地假裝自己有在聽，或請求對方再說一次。這與我們是否喜歡工作，或朋友是否有趣無關。根據研究估計，我們醒著的時間裡，大約有四〇%都在走神。

心智會停留在應該專注的事情上，直到它突然轉彎。但意念很可能不會停留太久，因爲新的意念會不斷跳上舞臺，以爭取注意。心思時常脫離當下，因爲我們對事情的專注力只能維持一段時間。所以當你不用忙著處理眼前的事物時，心智就會自由活動——例如通勤時望著車窗外，或外出散步時。我們的心智能夠涵蓋廣大的領域，飛到遙遠的地方。遊走的心智終將碰上我們的祕密，這有什麼好奇怪的？

你剛剛在想什麼？

在這裡，我要問你一個問題：你剛才在想什麼？花一點時間好好回想一下。你的心智很可能離開了這一頁的文字。也許我提到了什麼，讓你想到其他事情。是什麼事情？如果要你寫下一整天的所有意念，我很確定你會寫出自己要處理的雜事、跟金錢有關的事、自己所犯的錯誤、外表、健康、某個政治或社會議題、自己的時程表、事業、天氣、食物、睡眠、你的親人朋友……我很確定你會想到這些事，不是因為我很會猜（我才沒有），而是因為我看過統計資料。過去幾年，哥倫比亞大學教授瑪麗亞・馬森（Malia Mason）忙著在白天打電話問別人：除了你眼前的事情外，你上一個意念是什麼？

一九七〇年代，根據明尼蘇達大學心理學教授艾瑞克・柯林格（Eric Klinger）估計，我們的心智在一天裡會產生四千個不同的意念。假設清醒時間是十六小時，那就是每小時兩百五十個意念，或每分鐘四個。這些數字來自於他的研究，他訓練了一群參與者，來偵測注意力在不同意念上的轉移。

在其中一項訓練中，參與者同時聆聽兩個故事，分別從耳機的左右耳傳來。如果你曾同時參與兩段對話，例如在派對中，你就會知道這種注意力被兩個目標拉扯、變得稀薄的經驗有多費力。參與者接受訓練，以偵測自己的注意力何時在兩個故事之間轉移，然後故事會隨機停止，參與者必須報告他們剛才在想什麼。最後，參與者將全天佩戴呼叫器，蜂鳴聲隨機響起時，他們就要立刻寫下剛才的念頭與持續時間。這項訓練讓參與者得以估計，平均來說，一個意念持續約十秒，然後心智就會把另一個意念推上舞臺。

就像蜂鳥，我們的心智不停在飛舞，但也會一再重返同樣的地方。之所以頻繁回到關於待辦事項、金錢、錯誤、健康、事業、親友與未來等事情上，因爲這些事情是你目前關切的，也就是你當下的目標、需求、渴望與計畫。

任何與你目前所關注問題有關的事情，都很容易捕捉你的注意力，這正是你希望心智運作的方式。你不會希望它專注到聽不見樹林中有野獸，或有人在派對中喊你，或是門鈴聲。如果心智不會因這些聲音而分心，你就有可能會被野獸吃掉、忽略朋友的招呼，或拿不到外送的披薩。你的意念也是以同樣的方式提供有用的分心。

也許你曾有站在某種高處的經歷：懸崖、橋梁或陽臺。你心想：**「我可以跳下去。」**這不是因爲你想跳，而是你想像那是自己能做到的。研究者對超過四百位大學生提問，當他們靠近危險的高處時，是否曾想過要跳下去，大約半數的學生回答有——儘管大多數學生從未有自殺的念頭。我也曾在高處想像自己跳下去的畫面，但爲什麼會這樣？原來這是一種合理的焦慮。處在引發焦慮的危險情境下，我們會想像最糟糕的情況、最惡劣的未來，這樣我們才可以避免。想像自己從高處摔下是一種是你**希望**能讓你分心的適應性意念，這樣你在靠近高處時，就會格外謹慎。

保持警惕

當我們產生意圖時，會特別注意環境中與該意圖有關的事物。在餐廳裡，當一位侍者問你要沙拉或薯條時，任何有健康飲食目標的人，都會想起「我該吃得健康」這件事。當然，單純想起目標並不意味著就會遵循。當我結束旅行回到家、從行李箱拿出未穿過的運動服裝時，不可能忘記我當初攜帶這些衣物的意圖。我們尤其善於想起未達成的目標。

意圖、當下的目標，與目前的關切，是維繫漫遊心智的好理由。假設你要去買一瓶牛奶，走進雜貨店時，心裡同時念著**「牛奶，牛奶，牛奶」**是很有幫助的。同樣的，如果有重要的期限要遵守，你就會把那件事放在首位。就像你希望知道叢林中有野獸，或希望在派對中聽到有人喊你的名字，你希望任何與當下目標有關的事物都能立刻引起你的注意，無論是牛奶召喚著你去買它，或帶著一絲遺憾地想起應該要點沙拉而非薯條。這就是所謂的意圖；你時時設法加以達成。

人類的這種認知能力說明了爲何祕密在我們的意念中占有如此重要的位置。意圖守密，意味著無論何時，凡是當你與人交談時，你都想偵測到任何與祕密有關的東西，好讓你能對自己的言談格外謹慎。基於這個理由，你希望很容易就能想起自己的祕密。

保持警惕，提早偵測，能讓你在對話接近自己的祕密時保持冷靜。但「更敏銳」同時也意味著即使不需要隱瞞時，你仍會想起祕密，正如我們會時常想起其他關注的事物與目標（例如去雜貨店），就算處在非直接相關的時刻（例如在公司開會時）亦然。

對關注的事物過分敏感，有時會讓我們疑神疑鬼，自己嚇自己。因此，有時我們會發現，即使自己一個人獨處時，也在思考祕密——旁邊無人，根本不需要守密。想起祕密並不一定是問題，只是有時你一旦想起，就很難放下。

被意念困住

心情不好時，我們的心智不一定會前往有幫助的好地方。感覺消沉時，自然反應就是找出原因。是什麼讓你消沉？工作？社交生活？愛情生活？其他事情？爲了找出自己消沉的原因，你會播放各種感傷的回憶，而負面情緒會帶來更多負面意念。

馬男與白熊

一再思索某件事很容易陷入「反芻思維」（rumination），根據心理學家的定義，它不僅是重複的意念，而是持續重複的**負面**意念。如果我們被困在某個意念上，就會覺得失去控制，彷彿是自己思緒的囚徒，這就是爲什麼反芻思維常伴隨著無助感。更糟糕的是，因爲心智的運作快速，我們可以讓許多負面意念在很短時間內快速且反覆循環。

要了解反芻思維的毒性，我們必須進入某人腦中。以下快速的內心獨白來自動畫影集《馬男波傑克》，主角是一名過氣的九〇年代電視明星。動畫中夾雜著動物雙關語、俏皮的情節與聰明的敘事，述說波傑克的心痛故事。他顯然很沮喪，但不讓身邊任何人知道這個祕密（我沒有資格做臨床診斷——我不是那種心理學家——但沒有人能阻止我診斷動畫中的馬頭男）。他內心的聲音在短短的三十秒內進行了大量的自我批判：

「混蛋。愚蠢的混蛋。你眞是個愚蠢的混蛋。」

「但我知道我是個混蛋。這樣至少讓我比大多數不知道自己是混蛋的混蛋要好。或是更糟？」

「早餐。喔，我不配吃早餐。閉嘴！不要自憐了，有什麼用？去吃早餐，你這個笨蛋廢物。」

（在餐桌上吃餅乾）「啊，這是餅乾。這不是早餐。你在吃餅乾。停止！不要吃餅乾了，去爲自己做早餐。停止！不要再吃餅乾了。放下來！不要吃那片餅乾！」（又吃了一片）「我不敢相信你吃了那片餅乾！」

這段內心獨白是某一集的開場白，而且從未停止。我們可以在那一整集裡聽到波傑克的內心意念。進入他的腦中真的很痛苦，但更痛苦的是想像這樣的內心獨白總是在發生、不斷地隱藏起來，卻也無法拔掉插頭、讓意念停止。反芻思維頑固地專注在消極面上，打開了閘門，讓不相關的負面意念一發不可收拾。

心思一旦飄向某個祕密，就難以停止思考它。祕密會帶來負面意念，進一步把祕密推上舞臺。但是當我們嘗試推開關於祕密的意念時，會發生什麼事呢？

心理學家丹尼爾．魏格納（Daniel Wegner）在一個實驗中，要參與者去做件有點奇怪的事：不要去想一隻白熊，並用語言說出自己目前的意念。儘管努力配合，這個想法仍會從參與者腦中掠過，並不時說出應該壓抑的念頭（「我又想到了白熊！」）。接著，在實驗的後半段，當參與者他們被允許去想白熊時，他們想到白熊的時候更多了。「不要想白熊」的要求反而導致參與者去想。但如果我們連抗拒白熊出現在腦中都做不到，這是否意味著毫無對抗祕密的可能？不去想祕密只會讓情況變得更糟？

有個好消息要告訴你。試圖不去想某事並不一定總會失敗。事實上，我們更善於壓抑熟悉的想法，而非從未試圖壓制的念頭。魏格納的參與者不曾試圖壓抑對白熊的想法，所以他們必然會失敗。他們完全是新手。但是當安妮塔·凱利要她的研究參與者去找出最常出現的侵入型意念（intrusive thought）時，這些人後來卻能抑制它，不像那些被指示不要想白熊的參與者。你越常練習收起某個念頭，就越能在腦中找到它，然後放下它。但如果只是嘗試壓抑這些經常想到的意念，那麼壓抑與反芻思維似乎總是攜手並行。

別讓思考祕密變得有害

關於是否能壓抑住意念，我們還錯失了一項重點。如果你並未跟其他人談論祕密，那麼思考它就是處理祕密的唯一方法。有這麼一項研究，對象是守著超過一萬一千個祕密的八百人，我和同事發現，要預測人們想到祕密的頻繁程度，最好的指標不是他們有多壓抑祕密，而是「有多想」去思考它。祕密越重要、越有意義，人們就越想花時間去思考，好弄清楚該怎麼做。

思考祕密也許可以有益，但我的研究顯示，人們往往只是單純地重溫祕密的細節，或重複表示自己的懊悔。**思考祕密在本質上並沒有害處，但持續專注於過去，就可能有害**。我的研究參與者在思考祕密時，越是專注於過去，這些心思看起來就越像有害的反芻思維；但如果加上某種程度的前瞻性，對祕密走神就不至於那麼有害。

所以，是什麼讓人走上黑暗的反芻思維之路，如波傑克內心獨白所顯示的高度負面自我批判？早期生命經驗可能有很大的影響。當父母固執地堅持要表現快樂或禁止表達不滿時，孩子就有可能學會把苦惱與難過藏在心裡；但如果這些情緒與有害的事情相關（例如家庭問題或更糟的虐待），那就是真正的問題，需要外力介入。

如果父母能讓孩子感覺自在開放，對雙方來說都是最好的，尤其是有需要的時候，正如我們在上一章看到對於傾吐內心祕密給予平靜的反應：表達了解與接納。具有同情心的反應很有幫助，也是對未來的揭露與求助持續敞開大門的回應。

如果父母無法提供孩子適當的情感支持，那麼這些父母也很可能無法示範什麼是有效的處理方法。與其向他人求助，孩子們可能會轉向自己的內心來處理問題。因此，如果父母過度控制，孩子在進入青春期後，就可能出現高度的守密傾向與反芻思維。守密可以讓人逃離父母的批判、懲罰與憤怒，但也排除了在最需要時獲得幫助的可能性。

就算有相對快樂的童年與相對冷靜的父母，也可能會陷入無助的負面思維，而且會一直往下沉，陷得更深。反芻思維會導致心理失調，如憂鬱與焦慮，因爲它像放大鏡，可以放大眼前感受到的負面情緒。當消極的自我批判變得普遍，且無法解釋其周遭的背景與細節時，自我厭惡、自我仇視與自憐就會溜進來，讓我們感覺無能、無價值。就像拉森所研究的安寧病房工作人員，人們通常會把這些情緒掙扎藏在心裡，卻不知道這種情況是很正常的，許多人都有。他們通常會養成**習慣**，在面對困難時轉向內心，而非向外求助。

我發現，**遇到困難時越是轉向內在的人，就越容易陷入反芻思維**，而這兩種不健康的傾向，讓祕密更能傷害想處理它的人。所以，如果你覺得自己被某個祕密困住了，並不斷反芻自己感覺有多糟糕時，應該就是「該改變做法」的信號。別再回顧無法改變的過去，你可以開始往前看，向前進。

從意圖到負擔

當你打算對某人或很多人隱瞞某事時，就是某事成爲祕密的時刻。也許你必須在明天，或下週，或永遠不用在言談中隱瞞，但都不會改變你守密的意圖。

我問母親，她與父親第一次決定對我和弟弟來自捐精者的事守密，是什麼時候的事？是在我出生之後，還是弟弟出生之後？結果都不對。我的父母在我出生前就決定守密。當時甚至還沒有一個孩子可供隱瞞，他們就已確定了意圖。

我父母的祕密是很明顯的例子，說明爲什麼我們不能用守密行爲來定義祕密。他們唯一的意圖就是不讓我和弟弟知道。但甚至在能夠守密之前，祕密就已有力量造成懷疑、擔憂與關切。要是我們長得跟父親很不像怎麼辦？要是有一天我和弟弟必須知道自己有沒有基因缺陷怎麼辦？

「你們長大後，我開始比較在意這個祕密。」母親告訴我。「我對於沒告訴你們關於你們父親的事感到不自在。」儘管這是一個不需要維護或時刻警惕就能隱瞞的祕密——畢竟沒人詢問——但她意圖守密的內心裡，不安仍會滋長。

我們聽過律師對囚犯其實無辜一事守密、喪偶者與安寧病房工作人員對失去與死亡的掙扎、青少年充滿不安全感、政府人員發現了全球性的祕密監視計畫，以及一名紐澤西黑道分子與一匹會說話的馬頭男必須對付憂鬱。這些不同角色的相同點是，當他們要隱瞞眾人時，他們都能絕口不提、堅持自己的說詞，毫無困難。他們的痛苦並非來自於此，反芻思維與無助，感覺孤立無援，擔憂與不確定，才是我們守密經驗的共通之處。

幸好，還有更好的處理方式能讓我們往前邁進。下一章，我們將討論三種方法。

第四章

祕密的三大座標

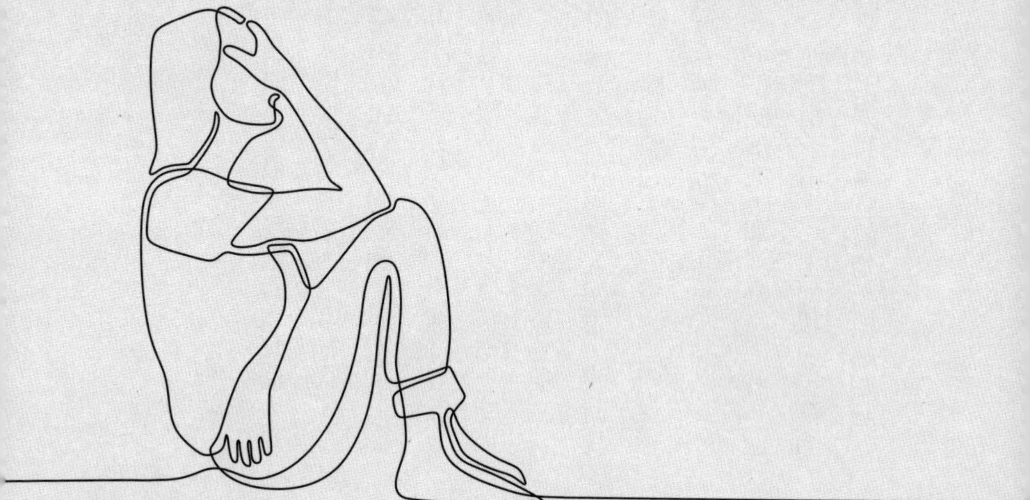

地鐵驚魂記

某天晚上，我來到位於住處下方的地鐵站，我與其他乘客很驚訝地看到有個人坐在月臺邊緣，雙腳懸空，就在即將進站的列車路線上。他揮舞著雙手，讓其他人不敢靠近。他看起來似乎不太正常。情況越來越緊張，列車抵達的時間快到了，電子螢幕顯示，下一班車將在兩分鐘後進站。大家都愣住了，不知道如何是好。我妻子衝上樓梯，去警告售票處的人。我跟了上去，但看到很多人也這麼做。工作人員在樓上的玻璃窗後，對於局面似乎沒什麼控制力。我跑回月臺，心裡冒出了「袖手旁觀」與「善心路人」等字眼，但這些念頭對於現在該做什麼、這種情況該如何介入來說，沒有什麼用。如果想抓住他揮舞的手臂，很容易會被拉下去、跌到軌道上。我發現自己又僵住了，就像月臺上的其他人。然後我突然想，有沒有人試著跟這個人說話？

我沒有想好計畫，但心想，也許只要跟他說說話，就能讓他離開月臺邊。我不記得自己說了什麼，但大概是「你還好嗎？」之類的。他吼出一串字句，但我分不清頭尾。我突然伸出手，對他招了招，「過來這裡告訴我。」讓我驚訝的是，他站起身，朝我走來。他說他需要錢買食物。我給了他一些錢。他走了，大家都鬆了一口氣，列車轟然進站。

這種經驗不會讓人想守密。接下來幾天，我和朋友與同事分享了這個故事。但爲什麼呢？因爲很有趣？我當然可以想到一些有趣的私人祕密，但不會想分享。因爲這個故事讓人難忘？那是一次心跳加速的經驗，讓我留下清楚與持久的回憶，但我們也有類似的祕密，也不會與別人分享。

把這類經驗當成祕密是不尋常的，因爲大多數的人都會同意我的行動合乎道德。我們樂於與人分享自己的善行。這樣我們才會受人喜愛、尊重與仰慕。

我們把道德當成性格上最重要的一面。我很喜歡的一項相關研究，是來自於賓州大學華頓商學院法律研究暨商業道德教授妮娜．史托明格（Nina Strohminger）。她要參與者想像有一顆藥丸，吞下去之後會永久移除某些特質：例如想像藥丸可以移除騎單車的能力。她問，從〇%（與以前完全相同）到一〇〇%（完全不同），一個人會有多少程度的改變？平均起來，參與者表示，改變騎單車能力的藥丸只會改變一個人二〇%。但如果藥丸能把一個勤勞的人變成懶人呢？他們說這會改變一個人五〇%。

現在，如果藥丸可以把一個混蛋變成不是混蛋呢？那樣的藥丸有多棒！大家認爲這樣的改變是六四％。與道德有關的特質——同情心、守法、做善事——得到了最高的百分比，意味著道德特質被視爲自我的核心。我們認爲道德是一個人性格的根本，也由於我們傾向於用正面的方式來評價自己，因此史托明格從研究中發現，大多數人相信自己的核心是道德與善良的。

為祕密定出座標

如果我們認爲自己的核心是道德的，那麼我們做錯事時會怎樣？我向史托明格提出這個問題，並透過電子郵件討論。根據她的研究，當人們做出道德上錯誤的事情時，他們會覺得是一時疏忽，而非反映出眞實的自己。所以人們較會隱瞞錯誤的行爲，以免別人做出錯誤的結論。

我們進行了一項研究，提供一份行爲清單給參與者，要他們爲每一項行爲做道德評分。事實上，參與者是在爲常見的祕密分類做道德評分，例如傷害他人、吸毒、自殘、說謊……等行爲在道德上的錯誤程度。然後，我們問參與者是否曾做出清單上的行爲？如果有，反映出多少的眞實自我？最後我們問：有人知道嗎？這是不是祕密？

參與者**越**認爲行爲不道德，就**越不認爲**這反映了自己的性格，也**越會**想守密。擔心要是承認道德上錯誤的行爲，會讓自己看起來像個壞蛋，並讓別人對你的看法徹底改變。這是很合理的，但我有一些好消息要告訴你。雖然感覺上並非如此——例如從電視新聞或網路留言看到的——但大部分的人相信，其他人基本上是善良的。

就算你做了壞事，人們也不太願意說這件壞事反映出眞實的你，他們會說這種行爲是你的脾氣在作怪，認識你的人則可能會對你的行爲提出**情境**解釋：只要認識你，就會看到你內在的善良。這不是我在加州學到的什麼箴言，而是相當共通的信念，超越文化，並延伸到世界的每一個角落。

來自美國、哥倫比亞、新加坡與俄國的參與者閱讀了關於不同的人似乎隨著時間而改變的故事。例如有些參與者讀到的可能是一位不負責任的父親、一個惡霸老闆，或一個混蛋男友。但是慢著！那是過去式了，現在那位父親很關愛子女，老闆脾氣溫和，男友尊重女友，滿是深情。其他的參與者讀到同樣的故事，只是反過來：慈愛的父親變得不負責任，老闆變得暴戾，好男友變成混蛋。然後參與者被問到，現在這些人的行爲改變了，他們在多大程度上忠於最深刻、最本質的自己？

不管來自什麼國家，參與者的觀感都出現相同的模式。當改變朝著正面方向發展時，大家通常會把改變的行爲歸因爲那個人的眞實本質；即使是那些被認爲是悲觀主義的參與者，也把人們的正向改變歸因於眞實的本性。但如果改變是朝負面的，從好行爲變成壞行爲，參與者較不願意說新的行爲反映了那個人的眞實自我。

如果你覺得自己變了，大概會認爲正面的改變反映出眞實的你，負面的改變則是路上的失足：你已經修正了錯誤。看到自己改變了，再加上大致正面的自我觀感，就會覺得過去的自己不再能反映今日最新與最棒的你。

我們在意自己是否被視爲有道德的人。我們非常在乎道德，並認爲一**項行爲在道德上的錯誤程度**是祕密的三大座標之一——另外兩大座標是祕密是否涉及我們的**人際關係**，以及是否與我們的**個人或職業目標**有關。

我所謂的「座標」指的是一種標準，好讓我們能組織一群事物。舉例來說，如果你要整理書架，座標之一也許是照作者名字來排列；另一種座標也許是依內容（小說或非虛構作品）或書背顏色（也許你有這種偏好）。你甚至可以用多重標準來整理（例如用顏色或作者姓名從左到右排列，小說放在上層，非虛構作品放在下層，或放在不同書架）。

現在想像我要你把目前所有的祕密放在一個書架上。座標之一可能是祕密的道德性；你也許會把不道德的祕密放在一起，離那些你覺得沒那麼錯誤的祕密遠一點。

我們用來感知祕密的這些主要座標，是了解祕密如何傷害我們的關鍵，以及我們該如何處理這些挑戰。但在更詳細探討這些座標前，讓我們看看自己如何找到這些組織祕密的座標。接下來，我們將回到紐約市的地鐵站。

祕密的座標地圖

想像你看著紐約市的地鐵圖。盡力想像出那個畫面：紅線、橘線、黃線、綠線與藍線垂直穿越曼哈頓，圍繞著中央公園的綠色長方形，與水平的灰線、紫線與棕線交錯，連接曼哈頓與其他區域。這些線條再加上一些彎曲，還有一條黃綠線，這就是紐約市的地鐵圖。

現在拿掉地鐵的路線，想像一張只有地鐵站的地圖。這張圖上沒有色彩繽紛的線條，只有一些點，標示了地鐵站的位置。如果你需要一些幫助來想像，可以先偷看一下圖三。

就算不看連接這些點的隱形地下隧道，光看圖三，也能立刻看出曼哈頓的地鐵線是南北向；有些路線是東西向，讓曼哈頓可以和右側的區域連結，接著路線往右上角延伸。追蹤這些線條，你可以想像出紐約市地鐵路線上方的基本格狀網。只要把點連成線就好。

在我們的研究中，我們要求參與者進行類似的實驗。首先，我們提供參與者第一章裡的祕密分類清單，要他們以自覺合理的方式來整理祕密。然後我們畫出祕密的可能路線，再問參與者覺得哪一條路線對他們有意義——也就是說，哪些路線以合理的方式來連結祕密（或地鐵站）。這讓我們能夠找出地圖的位置與方向，從而畫出常見祕密的地圖。

圖三　沒有路線，只有站點的紐約市地鐵圖

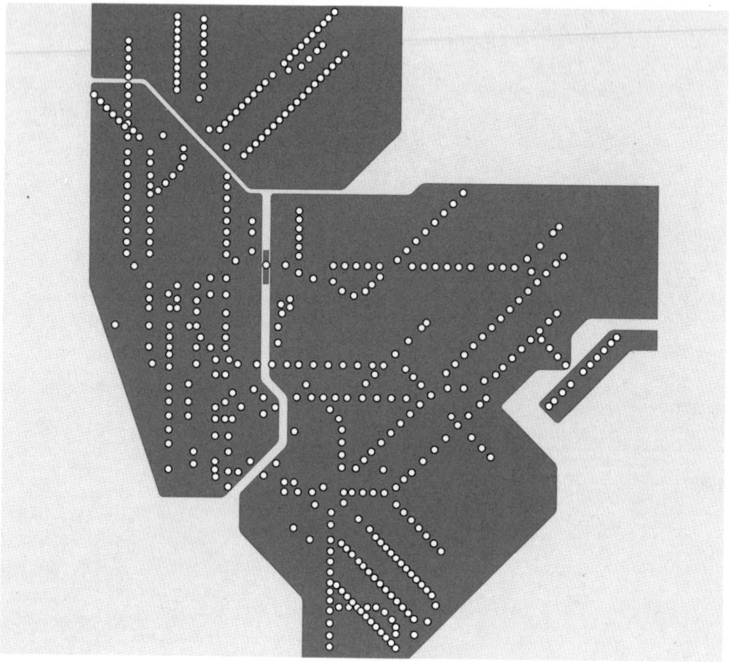

圖四　祕密的座標地圖

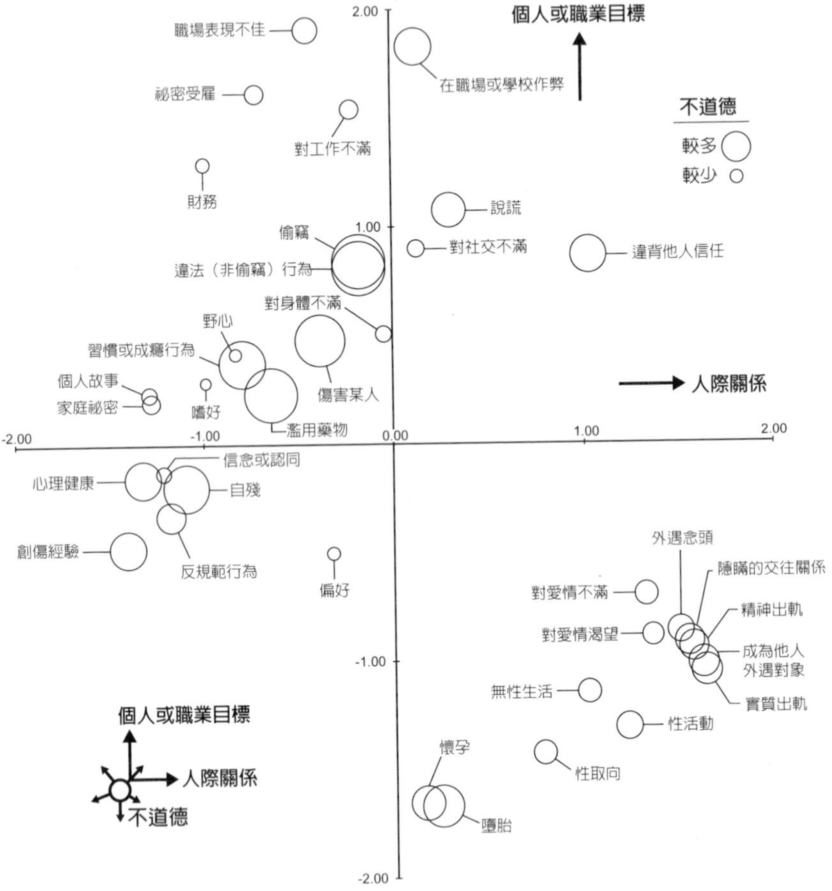
個人或職業目標
人際關係
不道德
較多
較少
2.00
1.00
0.00
-1.00
-2.00
-2.00
-1.00
1.00
2.00
職場表現不佳
在職場或學校作弊
祕密受雇
對工作不滿
財務
說謊
偷竊
對社交不滿
違背他人信任
違法（非偷竊）行為
對身體不滿
野心
習慣或成癮行為
傷害某人
個人故事
家庭祕密
嗜好
濫用藥物
信念或認同
心理健康
自殘
創傷經驗
反規範行為
偏好
外遇念頭
隱瞞的交往關係
對愛情不滿
精神出軌
對愛情渴望
成為他人外遇對象
實質出軌
無性生活
性活動
懷孕
性取向
墮胎
個人或職業目標
人際關係
不道德

在圖四裡可以看到，越靠近右側，祕密就越與人際關係和社交連結有關。越靠近上方，祕密就越與個人或職業目標有關。圓圈越大，祕密就越被視爲不道德。在立體地圖上，這張圖會是一個立方體而不是正方形，但爲了提供細節，我把這張地圖壓成了平面。要恢復成立體地圖，只要把不道德的座標看成深度就可以了。那些圓圈的大小其實都是相同的，只是因爲越道德，距離就越遠，所以圓圈看起來比較小。

這張地圖的某些區域比其他區域更容易傷害生活中的安穩感，因此，知道自己的祕密在地圖上的位置，就更能妥善處理。接下來，讓我們來探索這張地圖，以及如何運用它來更了解自己的祕密。

畫出地圖，探索三大座標

畫地圖是一種很直截了當的事：觀察眞實世界，並找出地標的相對空間關係。但我們要如何找到製圖者對祕密的制高點？要畫出祕密的地圖，我們必須知道不同祕密彼此的相對位置。例如，實質出軌是否應該更靠近外遇念頭，或更靠近在財務上對伴侶說謊？

從距離到方位

在這裡要提到亞歷克斯．柯赫（Alex Koch），他是芝加哥大學布斯商學院的行爲科學教授，也是「多尺度分析」（multidimensional scaling）統計法的專家。聽起來很深奧複雜，但他會說其實相當簡單。由於柯赫教授是德國人，所以他會用德國口音這麼說：這個方法就是把差異可視化爲距離。

如果大多數人同意某種祕密（例如不爲人知的嗜好）與另一種祕密有很大差異（例如隱瞞外遇），那麼我們應該在地圖上讓它們距離遙遠。但如果一個祕密（例如別人不知道的偏好）被視爲與另一個祕密很類似（例如隱而未宣的信仰），那麼它們應該很靠近。我們把祕密分類清單做成螢幕上的小方塊。參與者可以移動這些小方塊，如覺得類似，就移得比較近；不類似，就放得比較遠。然後我們從所有參與者的資料計算出每個祕密之間的平均距離。這讓我們有了距離的概念：我們知道每個「地鐵站」之間的距離，但不知道連接彼此的路線。這就像是知道了一日旅程的所有可能地點，以及地點之間的距離，但還不知道這些地點在哪裡，以及如何到達。

接下來，我們思考了放置祕密的所有可能。這種工作可以交給電腦。藉著演算法的幫助，我們想像出一系列不同的宇宙，把祕密擺放在隨機的空間位置。我們創造了幾個平面空間，祕密就如一般地圖那樣擺放。我們也想像出其他的世界：一維空間，所有祕密都排成一直線；三維空間，甚至四維與更高維度的空間，無法畫在紙上。

在這些想像的空間裡，祕密彼此之間都是以最短距離連接起來的。藉由在三維空間裡擺放祕密，我們可以建立一份根據參與者資料得出的距離表所生成的地圖。現在我們知道了地圖空間的形狀，以及每一個祕密的位置。

最後要確定的是方位；如果我們讓地圖與所描繪的空間方向一致，使用上就會容易許多。例如，在一般地圖上，要畫出兩條直線（南北向與東西向）來對齊眞實世界中的方向。爲了弄清楚如何放置這兩條直線，我們畫出各種可能角度的「路線」來穿過三維空間。然後請參與者提供標籤，以說明我們在路線上所經過的祕密順序。

找出三大座標

在參與者提供標籤前，立體地圖看起來就像一堆祕密漂浮在一個圓球中；我們不知道應該從哪個角度來觀看。我們知道，許多穿過空間（及經過的祕密順序）的路線是不合邏輯的，就像隨機在紐約市地鐵圖上畫線，通常不會符合地鐵站所在的位置，但有些線條會恰巧以正確的順序經過地鐵站——我們就是要找出那些路線。透過察看參與者提供的標籤中最常見的項目，就可以刪除不合理的路線，只畫出參與者表示能通往有意義祕密分類的路線。於是我們有了三大主要座標。

首先是道德：這個祕密在道德上的錯誤程度如何？越往這個方向走，祕密就越不道德。第二是人際關係：該祕密與你的人際關係有多少關聯？越朝這個方向走，祕密就越與人際及社會關係有關。第三是你的個人與職業目標：祕密與你的目標和期望有多相關？越朝這個方向走，祕密就越與出人頭地有關。

透過觀察祕密空間裡所有的可能路線，我們讓參與者看到構成這祕密空間每個可能的維度，並讓參與者告訴我們哪些方向最有意義。就像在手中不斷轉動一張地圖，直到它看起來正確爲止，我們請數百位參與者從各種角度來查看。如此一來，研究參與者不僅創造了祕密的地圖，還幫助我們找出了方位。

在不道德座標上偏高的祕密，包括違法行爲、傷害他人、吸毒、成癮、說謊、在工作上欺騙，與違背他人的信任。這並不意味著祕密自然而然就是不道德的，例如吸毒，而是人們的觀感傾向於如此。同樣的道理，大多數嗜好通常不會被視爲不道德，但有很多可能是，例如獵殺大型動物。任何類別的祕密都可能被認爲具有某種程度的不道德，觀感因人而異；例如你可能有個關於使用藥物的祕密，但你不覺得這件事不道德。把自己的祕密畫成地圖，你就能觀察到這些現象。

在人際關係座標上偏高的祕密通常和愛情有關。包括對愛情的渴望、不滿、交往時仍對其他人有戀愛意念，以及不忠。在這個座標軸上偏低的祕密則比較與個人有關，包括心理健康問題、個人背景故事、嗜好與個人信仰。平均來說，家庭祕密被視爲與人際關係沒有太大關聯。我們會把家庭祕密與其他個人背景故事放在一起，距離社交生活與人際祕密較遠。

第三個座標是關於目標與期望，時常（但不必然）與我們的職業有關。在這個座標軸上偏高的祕密包括在工作上欺騙、與金錢和財務有關的祕密，還有關於收入與就業的祕密。對於這類祕密，我們通常可以指出看似實際的理由（說出祕密可能會阻礙我們想達成的目標）；至於在這個座標軸上偏低的祕密，多與強烈的情緒經驗有關，比較不是關於目標或生活競爭（例如過去的創傷經驗或性取向）。

對於祕密，我們會從三個方向來思考它們：是否錯誤？是否與其他人有關？是否與目標有關？一個祕密可以三者皆有。例如欺騙客戶或盜用合夥人的金錢就是不道德，這與人際關係有關，也與個人和職業目標有關。

任何祕密都可以放在地圖的任何地方。爲了了解這些座標對生活安穩感的影響，我們需要更仔細探究。

道德

他們躺在地上。尖叫著，也許在求助。但在吵雜的機械聲中，很難聽清楚他們說什麼。他們動彈不得，手臂被繩子綁住。一共有六個人，其中五人排在同一條鐵軌上，另一人在旁邊的鐵軌上。一輛列車正朝那五人駛去。啊，我忘了說一件事，你也在那裡。你的手放在一副大型槓桿的握把上。如果你往上拉，列車就會轉換軌道，從駛向那五個人的軌道換到只有一個人的軌道。你也許知道這個不眞實（希望如此）的場景是所謂的「電車難題」，也是道德心理學家與哲學家的最愛：除非你出手干預，否則列車將輾死五個人。你只需要拉起把手，列車就會轉換軌道，只輾死一個人。你會動手嗎？

這樣的難題引人入勝，因爲不確定什麼行動更道德。犧牲一個人是否錯誤，或者讓五個人死才是錯誤？

或是這個場景：一名男子走進超市。他快速穿過熟悉的走道，沒有停下來看他平時購物會瀏覽的商品。這次不一樣。他來這裡只要買一樣東西。他買了一整隻生雞，帶回家。這將是他的晚餐，但現在還不是。一如往常，家裡沒有人等待，然後他仔細梳洗。他一個人住在公寓裡，所有的窗簾都拉上了。他與那隻雞性交，然後煮熟，在看電視時吃掉雞肉。大多數人會說這是變態性行爲，但在道德上是錯的嗎？很難說。

從一九五〇年代後期到一九九〇年代後期，道德心理學還完全屬於發展心理學的領域，探討人們如何發展道德感。例如，一個孩子曾打過其他孩子和拉扯貓尾巴，長大後卻成爲循規蹈矩的素食者與反霸凌宣導者。二〇〇〇年之後，社會心理學家也加入了。心理學家強納森・海德（Jonathan Haidt）發現，人們很容易在雞肉故事這樣的道德難題找出答案，但他們很難解釋**爲什麼**看似無害的行爲仍感覺有問題。海德說，這種「道德困惑」的現象啓發了一整個世代的心理學家，更仔細檢視我們的道德構成。

但祕密經常觸及的道德問題，仍離電車難題和雞肉故事十分遙遠。那麼日常的道德呢？二〇一三年，當時任職於芝加哥大學的心理學家威廉・霍夫曼（Wilhelm Hofmann）在芝加哥的道德心理學家聚會中，對三位研究者提出這個問題。爲了研究道德在平常的一天是什麼樣子，研究者隨機傳簡訊給參與者，要他們回答過去一小時的狀況：**你是否目睹或經歷任何由他人或自己做出的道德或不道德事件？**根據爲期三天的回報，研究者發現，參與者平均一天會目睹或經歷三到四起道德或不道德事件。

日常的**道德**行爲包括：協助迷路的遊客、給遊民食物、向侍者承認帳單少算了。日常的**不道德**行爲則包括：在有兒童的車上抽菸、工作時喝酒、偷用同事的昂貴調味料。研究者也發現，我們通常會注意自己的善行，但更注意別人的錯誤。

當我們發現自己做出不道德行爲時，我們所體驗到最耗弱心神的後果就是羞愧：感覺渺小、無價值、無助。我們普遍認爲，不道德行爲應該受到懲罰，就算犯錯的人是我們自己。古往今來，人們會用自罰行爲來免除自己的罪過，甚至在心理學實驗室也能看到。

墨爾本大學心理學教授布羅克·巴斯蒂安（Brock Bastian）進行了一次小型實驗，要一群參與者回想他們曾排擠過什麼人，另一群人則回想自己最近的社交互動。然後參與者都來到一個新地點，表面上是參加另一項不相關的研究——關於身體感受。參與者會看到一桶冰水，他們必須把非慣用手泡在水中，直到受不了爲止。如果你曾在冰水中撈可樂或啤酒，你就知道那有多痛苦。當參與者回想起曾在社交上排擠某人時，他們不僅會說過去的行爲不道德（與回想日常社交互動的參與者相比），他們把手泡在冰水裡的時間也更久。但這種痛苦似乎値得。那些對回憶感到內疚的人認爲冰水更痛苦，而短暫的受苦能讓他們覺得比較不內疚，彷彿小小的懲罰有助於重新平衡正義的天平。

對錯誤的行爲守密時，我們逃避了應得的懲罰，也因此錯過了恢復道德價值感的機會。「除了天主教的告解之外，你要如何對不爲人知的錯誤行爲負責？」我向布羅克提出這個問題，不久後，我們便設計了一項實驗來找答案。

我們要一組參與者去想一個他們覺得不好，並對伴侶**隱瞞**的祕密；另一組參與者則去想一個他們覺得不好，但已向伴侶**坦承**的祕密。認爲仍守密的不良行爲應受懲罰的參與者，超過了另一方。那些覺得自己應該受罰的參與者，對於接受伴侶的善意舉動或與朋友一起用餐之類的愉快經驗，都會感到不自在，甚至會想做一些難受的事情，例如花時間獨處、被人批評，或是進行一些費力的活動。參與者彷彿是爲了隱瞞錯誤行爲而自罰，以償付道德上的債務。

在人們對自己施加的懲罰中，羞愧尤其令人難受，會導致人們產生無能感、自卑感與低自我價值感。很可惜，沒有神奇藥丸能把人從壞人變成好人，所以當人們覺得自己是「壞人」或不道德時，會認爲似乎無法改變這一點。因此，感覺羞愧的人多半也會覺得無力與無助。

我們在研究中發現，越覺得自己的祕密不道德，祕密就越能帶來羞愧感，也就更容易反覆思考它，並覺得自己沒有能力處理。結果，越覺得祕密不道德，就越認爲祕密傷害了安適感。稍後，我們將探討如何擺脫這種有毒的羞愧感。

人際關係

「一百萬次外遇」。這是專爲已婚者設計的約會網站《艾希莉．麥迪森》（Ashley Madison）自豪地宣稱每個月促成的婚外情數目。該網站的宣傳語：「生命短暫，來個外遇。」

眞的有這麼多人外遇嗎？根據目前最可靠的估計，二〇％到二五％的人在生命的某個階段外遇，而且一年有約三％的已婚者會外遇（此數據來自於美國對異性婚姻或同居者的問卷調查，在其他國家或環境會有差異）。二〇一三年，皮尤研究中心（Pew）調查發現，八四％美國人認爲實質出軌在道德上是無法接受的，法國人是四七％，義大利與西班牙人是六四％，巴基斯坦人則是九二％。對於不忠與其他許多守密行爲在道德上的觀感，會隨國家、文化與個人而改變。

許多人認爲實質出軌是不道德、甚至是不可原諒的，同時這也是一種高度的人際祕密——除了因爲涉及與別人的愛情或性愛關係（不管有多短暫），也因爲這背叛了與別人的情感關係。

有一些因素可以用來預測實質出軌：對性愛的興趣與對性放縱的看法、婚姻滿意度低、過去曾有婚外情，以及與伴侶的朋友們不親近，都是出軌的預兆。出軌也有季節性。夏季的出軌行爲激增。可能是因爲夏季旅遊增加，創造了更多機會；此外，大家在夏天也會穿得較少，可能增加了誘惑。因公到外地出差時，外遇機率也會增加，所以祕密活動的機會顯然是一個主要因素。過去的心理學家（以及所有人）認爲，男性比女性更容易出軌，但現在差距開始縮小。可能是因爲社會標準改變，但更明顯的因素其實是女性職場參與度提升。工作帶來了財務資源與自由，也更容易認識伴侶社交圈以外的人。

實質出軌對不同的人有不同的意義（並意味著封閉的關係，而不是開放的），但有一件事在各種文化與環境中都是一樣的：在針對一百六十個不同社會的一項研究中，得知出軌是離婚的首要前兆，也是同性關係中最常被提到的分手理由（可能也適用於同性婚姻，但目前尚未有相關研究）。所以，出軌通常與守密畫上等號。理論上，實質出軌在性愛上似乎是較嚴重的背叛，但是二〇〇二年的一項研究發現，不論是異性戀或同性戀男女，都認爲出軌在情感上的傷害更大。

但並非所有的情感關係祕密都如此情色。單身者對愛情的渴望是常見的祕密。情感關係在發展初期可能會是祕密，新鮮與刺激會帶來社交上的親密與連結。在此同時，如果守密太久，情感關係的滿意度就會降低，承諾度也會減少。有些情感方面的祕密完全與愛情無關。例如違背了某人的信任──可能是伴侶、朋友或家人，這不僅被視爲不道德，也是高度緊密的人際關係。

在人際關係座標軸上位置偏低的祕密，多半是與自我有關的，例如心理健康問題、自殘、對外表不滿、個人習慣、嗜好，或是個人信仰。這些祕密比較個人，常讓人覺得與他人失去連結、更加較孤立與隔絕。値得注意的是，你可以有朋友，並常常與他們相處，但仍感覺孤立，如同上一章提到的安寧病房工作人員，他們並沒有對身邊的人敞開心扉。

一項祕密可以同時提供較高與較低的社會連結。祕密的戀情能與外遇對象建立親密感與浪漫感，但同時也拉遠了與伴侶的距離。這就是人際關係祕密的威力，同時提供了不同程度的社會連結與脫節。

個人或職業目標

最後我們要看第三個座標：個人或職業目標，關於祕密在生活競爭上的程度。在高的一端是與工作、學校、財務有關的祕密：在職場或學校作弊、工作或學業表現不佳、對工作不滿、祕密受雇，或與財務相關的任何祕密。

財務祕密通常會對家人、朋友與同事隱瞞，但也包括伴侶。婚姻裡常見的財務祕密是藏私房錢，或以伴侶不會同意的方式偷偷花錢。財務是婚姻中常見的衝突與壓力來源，保持財務祕密則是避免爭執的一個方法。

二〇一七年，根據道明銀行（Toronto-Dominion Bank）的一項調查估計，約有三六%的夫妻每個月都會有財務上的爭執，而有一三%對伴侶隱瞞財務祕密；另一項研究則發現，二七%的參與者有未對伴侶坦白的財務祕密。根據大規模的電話調查估計，六％的同居者有祕密銀行戶頭，二○％至少有一次在未告訴伴侶的情況下，一次花費五百美元以上。

對伴侶隱瞞花費的理由很顯而易見：想避免衝突。同樣的，若是你在工作上抄捷徑或違反規定，想守密的理由也很顯而易見：想避免承受後果。對於在個人和職業目標座標軸上位置較高的祕密，似乎常有清楚的具體理由。

在這個座標軸上位置偏低的祕密則相反：它們不涉及努力、抱負或想達成特定目標；當然，人們不會想要有創傷經驗或心理問題，也沒有人會故意想處於必須決定是否墮胎的情況。這些祕密較基於情緒感受，至於在座標軸位置較高處的祕密，則是較基於邏輯和深思熟慮。許多哲學家都思考過這種對比。柏拉圖將人類的心智想像成代表理性的馬車駕駛者，坐在馬車裡；前面則有兩匹馬，象徵我們的情緒與衝動。

這種區別解釋了祕密在第三個座標軸上的順序。例如，我們很難說明自己在性愛上的偏好從何而來，因爲那不是基於邏輯或理性，而是感受。同樣的，對於無法控制的創傷經驗，人們想當然耳難以回答：**「爲什麼是我？」**雖然人們表示，對於目標導向的祕密有相對清晰的思考，但對於較情緒化的祕密則往往難以理解。對祕密的了解，讓我們更能處理祕密。

三大應對指南

我們的研究發現，越把祕密視爲不道德，就越可能感到羞愧；越感到孤單與私密，就越感到隔絕；越是基於情緒而非理性，就越感到難以了解。以三大座標來畫出祕密的位置，我們發現了祕密傷害人們的三種主要方式：羞愧、孤立與難以理解。好消息是，這三種經驗也指出了三條前進的道路：三種不讓祕密傷害你的方法。

這張祕密地圖上的任何座標都可以從任何程度來經驗，每一個座標軸都可以雙向通行，不是單行道。我們可以對祕密感到更羞愧或更不羞愧；可以因祕密感覺更孤單或更有連結；我們可以感覺不確定、不了解祕密，或感覺我們了解它與守密的理由。

知道祕密在三大座標軸的何處，爲我們指引了三種不同的處理方式。在一項研究中，我們給予參與者第一章的祕密分類清單。對於參與者從清單上辨識出的每一項祕密，我們會問：「你覺得自己對情況的控制感有多少？」與「你覺得自己能否處理這個祕密？」在回答這些問題之前，我們先問參與者，以下三個選項中，哪一個最符合他們的情況，他們只要選擇其中一個就好：一、這個祕密沒有害處（意味著無人因爲資訊被隱瞞而受害）；二、這個祕密保護了我認識的人（或保護了我與那個人的關係）；三、我對這個祕密有足夠的了解（我爲何擁有這項祕密與處理方式）。爲了協助你做出選擇，現在請單獨考慮每一個選項。

你的祕密是否有害？如果你不覺得自己的祕密是錯誤或不道德的，你也許會同意這個祕密沒有害處。這樣很好。就算你覺得自己的行爲在道德上有錯，你也會知道下次可以採取不同的做法——你可以從錯誤中學習。

你的祕密是否保護了認識的人？如果你的祕密涉及別人，祕密也許能讓你們更親近。也許你守密是爲了保護某人或你與他們的關係。在這種情況下，你的祕密也許有好處。

你了解自己守密的理由嗎？就算你承認自己的祕密並不是爲了保護任何人，而是保護你自己，或就算祕密造成了一些傷害，只要了解自己**爲何**守密，就可以幫助你對局面更有掌控感，也更能處理祕密。

這些問題構成了我所謂的「應對指南」，因爲答案可以爲你指引出三條前進的道路，讓你更能處理自己的祕密。

應對策略1：記住，過去的錯誤已經過去，把它們留在那裡並沒有壞處

我不太喜歡回想我七、八歲時的某個回憶。細節有些模糊，但我知道我參加了爲期一天的活動營隊，所以一定是在夏天。我不記得是誰想出那個點子的。我想說是另一個孩子的主意，我只是跟著他，但我眞的不記得是否如此，或只是我這麼希望。大家都去進行課程表上的活動時，他跟我偷偷溜進置物間，一格一格地翻找其他人袋子裡的零錢，不碰紙鈔。除了我們相信自己一定不會被抓到，我無法告訴你是什麼驅使我們這麼做。但我們還是被逮到了，而且很快。零食時間到了，我們買了很可疑的一堆垃圾食物與冰品。只要幾個人發現零錢不見了，就可以想出來到底是怎麼回事。我不記得後果——可能只是挨罵吧，但留下來的是我做這件事的回憶。

毫無疑問，我們的行爲在道德上是錯的，就算只有七歲或八歲，但我們已經**知道**這個道理——卻還是去做了。回想這件事讓我難爲情，但更不自在的是想到過去的我與今日的我在邏輯上的直線連結。如果過去的我能做出這種事，也許這也反映了今日的我，以及未來的我。這不是我喜歡的想法。

但是當我看到應對指南的選項，並問自己：**「這個祕密有害嗎？」**我完全找不到任何人會因爲這個祕密受害的可能。想到過去的錯誤而感到不自在，部分原因是這不符合現在的我，但這項觀察也是很重要的理解。我不能用今天的自我標準來衡量過去的自己，這個祕密完全與現在的我無關。

此外，我相當確定沒有人因爲不知道這項資訊而受害。我當然不會期待朋友或同事告訴我，他們小時候也做過類似的事。我覺得自己過去的行爲在道德上是錯誤的，但守密並不是。以這種方式來思考我的祕密，可以減少它對我的困擾，也更容易放下，不至於被困在那個意念上。

我們的許多祕密都符合這種模式。甚至當你承認過去的行爲在道德上有錯時，如果沒有人會因爲不知道這項資訊而受害，那麼守密就不一定是道德上的錯誤。與其專注於自己過去所犯下的錯誤（已經無法改變），你可以專注於藉此所學到的教訓。你還是可以對過去的行爲感到難過，畢竟內疚是判斷自己錯誤行爲後的健康反應，但不用對過去的自己感到羞愧，而要去看你的進步與成長。你過去也許做錯了事，但現在的你已經改變了——變得更好——你可以繼續這樣走下去。

應對策略2：想想你的守密能如何幫助其他人

班並不對自己的行爲感到自豪。他從來沒想過會愛上羅賓遜太太的女兒——儘管她在年齡上比較適合，但還是發生了。那時他才明白，伊蓮才是他的眞命天女。所以絕不能讓伊蓮知道「那件事」。班很確定，讓伊蓮知道他與她母親偷情可是一點好處也沒有，只會讓他們的新戀情受到傷害，陷入悲傷。

你可能認得出來，這是《畢業生》的劇情。在電影及原著中，班剛從大學畢業，對未來沒有明確的計畫，所以回到加州與父母同住。他在畢業派對上認識了父母的一位朋友——風姿綽約的羅賓遜太太，後來他們發生了婚外情。然後她念大學的女兒回家，事情變得複雜。

讓我們進入班的腦中。你可以發揮想像力，想像自己是年輕的達斯汀．霍夫曼，正躺在床上，心裡重溫與伊蓮之間那儘管一開始故意想搞砸，卻意想不到的愉快約會：

當然，我與羅賓遜太太的偷情占據了我的心思。我不該被她誘惑。她已婚，年齡比我大一倍。現在非常清楚，我做錯了。老實說，也許我從一開始就知道這一點。但現在要怎麼辦？

我看著應對指南，不可否認的，我的祕密造成了一些傷害；偷情對羅賓遜太太的婚姻當然沒有幫助，而且如果伊蓮知道這件事，她會心碎的。我不知道自己爲什麼搞出這個亂子，也不知道該如何修正，但我知道我的守密可以保護伊蓮與她全家。

在一個理想的世界裡，我絕對不會偷情，問題是覆水難收。我最好的做法就是繼續守密，當然也要結束與羅賓遜太太的婚外情。向伊蓮坦白只對我自己有好處；也許安撫了我的良心，但一定會傷害到她。藉由守住這個祕密，我可以保護她的感情與我們的關係。我很確定守密的好處大於壞處。

班的祕密具有很高的關聯性，因爲涉及了幾個人。向任何認識羅賓遜家的人透露都有風險，還可能會反過來傷害相關的人：羅賓遜太太、她的丈夫，還有伊蓮。班的守密可以保護這些關係。重要的是，如果班認爲羅賓遜太太會揭發祕密，或他發現自己與伊蓮建立了長期的承諾關係，這種安排可能會改變。也許最後他會覺得必須坦白祕密，因爲就算眞相讓人難受，長期的情感關係仍希望能夠誠實與坦然。我們將在第六章回來探討有關坦白的議題。

倘若在此時揭露你的祕密，對身邊的人有什麼影響？有人會受傷嗎？就算你的祕密之旅將以坦白告終，也請想想守密在目前有什麼好處。你也許不只保護了相關的人，也保護了他們的情感關係，包括他們與你的關係。

應對策略3：承認你有你的理由

對於第三項應對策略，我們回顧一下愛德華．史諾登與他決定踢爆美國國安局的全球性大規模祕密監視計畫。史諾登發現自己處於進退兩難的境地。他認爲國安局的計畫是錯誤與不道德的，但他也簽署了不洩露政府機密的誓言。他知道，違背誓言可能會帶來嚴重後果：可能會入獄，或必須逃到國外，永遠無法回國。但他也明白，如果保持緘默，會有什麼風險。接受訪問時，史諾登說：「我仔細評估了每一份我揭發的文件，確定都符合公眾利益。」史諾登也清楚他自己的價值標準與信念。爲了區分他的行爲與其他洩密者，他說：「有很多文件會有更大的衝擊，但我沒有交出來，因爲我的目標不是傷害他人，而是追求透明。」

史諾登安排了詳細的步驟來揭發監視計畫。他採取必要的安全措施以取得證據，並計畫在何時揭露。即使史諾登無法總是清楚說明，但他明白自己行爲的嚴重性，也相信自己是爲了正確的理由做正確的事。「我寫了一份宣言來解釋我爲何要公開這些資料，但是又刪除了。」他回憶，「然後我試著寫電子郵件給妻子琳賽，但是也刪除了。我無法用文字表達。」

你的祕密可能不如史諾登的那樣巨大，但如果你似乎找不到其他參考，他的故事仍提供了有效的應對方式。當你的祕密涉及艱難的決定時，仔細考慮所有選項，細心且獨立地做出決定，將是最讓你備感欣慰之處。了解一個祕密的影響，以及爲何守密的理由，可以帶來極大的清晰度。我們發現，了解自己決定與行動的人，感覺上更能應對他們的祕密。

＊＊＊＊＊

如同一般的指南針，應對指南不會自動指出你的目標，但你可以用它找出自己的正確方向。在一般情況中，這三種策略的其中之一會有幫助。我們在研究中看到，只有一％的情況會讓人表示自己覺得高度羞愧、孤立與難以理解；但也只有四％的情況會讓人感到相當程度的羞愧、孤立與難以理解。這意味著在九五％的情況下，至少有一項策略可用。問題是哪一項？

練習決定哪一種應對策略最適合自己，將爲你指出前進的道路。當參與者擁有應對指南後，他們表示對自己處理祕密的能力更有信心。在後續的研究中，我們發現應對指南也增進了參與者的應對能力，這可以從更高的日常安適感獲得證明。因此，就算你只是朝正確的方向邁進一小步，也會擁有更好的應對能力。

但我們也避開了一個重要的問題。雖然守密帶來的負擔通常發生在個人的時光和自己心中，但有時我們必須在言談中刻意守密，這樣會帶來其他的不良影響。

第五章

隱瞞祕密

梅樂蒂・卡森（Melody Casson）在六十七歲時，終於決定自首。「我要告訴你一件事——我要全部坦白。」她對來到家門口的警員說。她的罪行發生在五十二年前。

一九六三年九月六日，當時十五歲的梅樂蒂生下了兒子韋恩（Wayne）。韋恩是那種哭個不停的寶寶。兩週後，梅樂蒂幾乎快崩潰了。她母親因為手術住院療養；她父親在家，但健康狀況不佳，被診斷出罹患肺癌；她姊姊與姊姊的未婚夫也住在家中。所有人都渴望能好好睡上一覺。但某天晚上，韋恩不肯停止大哭，大家無法成眠，家庭壓力備增。梅樂蒂與嬰兒坐在沙發上，她想，如果能稍微遮住孩子的哭聲一會兒，他也許就會停止哭泣。她用沙發的墊子蓋住嬰兒的臉。韋恩終於停止哭泣。梅樂蒂拿開墊子，只看了一眼，就知道自己做了什麼。兒子一動也不動，膚色慘白。她不小心殺了他。她呆住了，然後衝到樓上找父親。

報警後，梅樂蒂說她睡覺時不小心翻身壓到十八天大的嬰兒，造成窒息。法醫的報告說明，韋恩死於「不幸意外」造成的缺氧。五十二年後，她要更正紀錄。她坦承：「我這輩子都帶著這個祕密。」審判時，法官說：「我了解你過去五十二年的每一天都感到內疚，我也了解這是畢生的罪過。你想面對司法，所以才這麼做。」法官繼續說：「你當時十五歲，還是個學生，還是個孩子，你整個成年生活都在罪行的陰影下度過。你受到的懲罰將是終生的，直到你離開人世，我無法做任何事來改變這一點。」梅樂蒂很幸運，被判兩年緩刑（意味著她不用入獄）；但如果她的法官不是那麼有同理心，她很可能會坐牢。

她為何要坦白呢？為何要冒如此大的個人風險好放下心裡的負擔？「我無法承受更多痛苦。」她解釋自己之所以揭露久遠祕密的動機。但她承受了什麼痛苦？為何五十二年後的坦白可以減輕痛苦？

保護你的祕密

有時守密只是保持沉默；但有些時候，沉默是不夠的，可能還必須藏匿一些證據。惡名昭彰的哥倫比亞毒梟帕布羅・艾斯科巴（Pablo Escobar）一度手握過多現金，以至於他不得不把錢藏在房屋的牆壁中，以及埋進地底的塑膠垃圾桶裡。為了保護他的犯罪祕密，他實際上埋藏了證據。

你也許從來沒碰過需要埋藏數百萬美元販毒獲利的狀況，但我們大多數人仍曾有隱藏證據的經驗，也許是把糖果紙藏在垃圾桶裡、撕掉收據，或刪除不利的電子郵件及簡訊。在一項研究裡，我請六百名參與者告訴我，他們擁有三十八項分類清單上的什麼祕密。在大約七千個祕密中，他們最常需要藏匿實際證據的項目，包括關於嗜好與成癮、財務與擁有物的祕密。

我發現，二六%的祕密需要藏匿某些證據，但藏匿證據的程度並不等於祕密所帶來的心理傷害。你可能會覺得有點偷偷摸摸，但藏匿本身似乎不會產生長期的後果。畢竟藏匿一些小東西（例如藏在抽屜裡）並不很困難。如果你覺得證據藏得很好，就會感到更安全，因為沒有人會看到。

如果能把所有祕密都放在抽屜裡、拋諸腦後，守密就會非常容易。但守密時，只需要藏匿證據的情況很少（我的研究中只有三%）。有時候，我們必須稍微拐彎抹角：避開問題，如果太靠近，甚至會避開整段對話。

根據估計，我們平均一天會說一萬六千個字詞。任何對話都有可能觸及與祕密有關的話題，在這種情況下，你只要忍住不說，就像電影《鬥陣俱樂部》的第一條與第二條規則：不要談鬥陣俱樂部。如果處理祕密也這麼簡單那該有多好（本書也會輕薄很多），但當然並非如此。

我問一群參與者關於他們的「完全祕密」（沒告訴任何人的祕密），以及在對話中冒出來的頻率時，他們表示，一個月大約會有一次被問到與自己祕密有關的問題（每月一．二次）；但同一群參與者也說，他們覺得自己平均一個月需要隱瞞祕密二到三次（每月二．四次）。這意味著人們覺得自己需要隱瞞祕密時，其實有一半的時間根本沒人問到。

我在研究中發現，最常被問到的祕密是關於性取向、信仰、嗜好與野心。但除了性取向，這些並不是最常被隱瞞的祕密，而是心理健康問題、財務與對愛情感到不滿。隱瞞不僅是迴避別人的問題，更多時候其實是阻止我們自己說太多。

隱瞞不算是用來遮擋別人目光的盾牌，倒更像是一只木塞，用來阻止我們自己洩漏。所以，我們先看看塞住塞子的情況，再看看如何防禦那些你不想回答的問題。

守密的方法之一是避免任何相關的對話。有時候非常容易做到，就像東尼・索波諾的情況。心理治療？他與同夥永遠不會討論這種事情。他們的對話離心理治療太遙遠，絕對不會出現。除非有人剛好看到東尼走進心理師的辦公室，否則沒有任何事情能揭發他。要對心理治療一事守密，他只要絕口不提。說不定你也有這樣的祕密，也許是關於很久以前的事情，或人們不常談到的事情。如果沒人問你，你就不用提防他人的刺探。如此一來，你只要管好自己的嘴巴就行。

但刻意避免特定的話題，似乎不是高品質人際關係裡的良好成分。有一項研究，針對有長期戀愛關係的大學生提問：他們有多傾向於避免談論感情問題、伴侶可能不贊同的負面行爲，以及與性愛有關的話題？研究發現，參與者越是避免與伴侶提及這些話題，他們對情感關係就越不滿意。

陷入困境的關係會導致人們避免對話嗎？還是剛好反過來？一項實驗顯示，後者更有可能：避免對話可能是人際關係出現問題的原因，而不只是一種症狀。當研究者要求參與者想像有位朋友避免與他們談論某個話題時，參與者會覺得受傷，尤其是當他們想像那個話題與彼此的關係有關時。對於新婚夫妻的一項研究也支持這個看法，認爲避免對話會導致問題。新婚夫妻越是認爲新配偶有所隱瞞，幾個月後他們的關係品質就會越低——就算參與者承認自己也有所隱瞞。當我們認爲伴侶對我們隱瞞時，我們會覺得自己沒有被涵括在對方的生活中，這很讓人傷心。

避免困難的對話可能被視爲不信任伴侶，但這並不意味你應該談論所有的想法或過去的所有細節。伴侶通常樂於對以前的戀情或性經驗避而不談。「過去的就留在過去」，這個想法解釋了爲何人們避免談到過去的性經驗。這些話題通常被視爲無關緊要，感覺比較像是私事，而非祕密。

之所以成爲祕密，是其中一方不僅沒提到，還特意藏匿資訊。通常，當我們對伴侶有所隱瞞，是因爲我們認爲這麼做對彼此關係有好處——避免衝突或不傷害伴侶。對伴侶守密或許避開了你所預期的反應，但也可能弊多於利，特別是伴侶覺得你有所隱瞞時（當我們懷疑對方在隱瞞什麼時，傷害尤其明顯）。

對守密的懷疑，不論對錯，對情感關係來說都不是很好。事實證明，你對伴侶的信任程度將更取決於你自己有多退縮，而不是對方。若你認爲伴侶守密，可能會讓你覺得自己也能守密，製造出惡性循環的可能。當一個人認爲另一人在隱瞞時，往往雙方皆輸：彼此都會覺得情感關係的品質低落。

如果前方道路崎嶇，我們可能不太願意對伴侶敞開心胸，或是擔心負面反應，或是覺得坦白會讓事情更糟。但有一個方法可以打破隱瞞的惡性循環：信任。信任你的伴侶，信任你自己。也許你會需要一些示弱的勇氣來展開對話，但別讓恐懼搶先關閉了對話之門。如果你覺得對方可能還沒準備好對話，那就提供一些預告。別忘了，這些事情需要時間。你可能無法在一次對話中就解決問題，但只要開啓對話，就是眞正的進步。

閃躲問題

也許你還沒準備好討論問題。沒關係。我們並不是唯一能決定將話題引入對話的人。另一人隨時都可以提出話題，甚至提出與你的祕密有關的問題。但如果提出問題的時機或人選不適宜，你該怎麼辦？

如果你的對話有多人參與，算你幸運。兩人是私密，三人（或更多）就是團體。圈子裡的人越多，每個人說話的時間就越少。多人同時說話的大型對話並不容易進行，只會由少數聲音主導，其他人則只能插話。你可以利用這種情況，選擇當後者，只是坐著聆聽。

但如果有人特別對你提出問題呢？避免回答問題的最直接方法，就是說你不想討論這個話題，這讓對方比較不容易繼續追問，但你可能會擔心這種反應被視爲無禮，造成尷尬。你不用機械式地說「我不想談這件事」，還有更圓滑的選項。例如，我的同事說她曾碰上這種處境，她的反應是：「哈哈，不行，你不能這樣問我！」她在回應中加了一些活潑的語氣，優雅地回答了問題，而且沒有造成尷尬。

關於迴避難以回答的問題，尤其有效的方法就是提出你自己的問題，對方的回答可以讓對話進入新的方向。笑話也很有效。如果你不擅長說笑，看起來可能會有風險；但不一定要好笑，也能有效地答非所問（我可以保證）。

完全誠實地回答問題，但帶著嘲諷語氣，有時也很管用；只要你能自然演出。愛德華・史諾登抬著舊的政府電腦回到他的辦公桌，打算備分機密檔案時，一位資訊主管攔住他，問他為何要用舊電腦。史諾登回答：「竊取機密。」他們都笑了。

如果你無法臨時想到好笑的回應，突然改變話題也可以轉移注意力，讓對話繼續下去。你可以提出問題（「嘿，你週末要做什麼？」），或只是提到你樂於閒聊的任何事情（「我得弄清楚工作上的這件事」或「我需要找些東西吃」。這個也不錯：「我發現我忘了刷牙！」）。就算你說出口的事情很脫線或完全隨機（「你有沒有聽說過：月球正在生鏽？」），對方仍必須回應，這麼一來，就可以讓對話離開原先的問題。

反問、笑話與答非所問都很有效，因為都把原先的問題推入了過去。如果你曾在對話中想補充什麼，卻錯失了時機，你就知道話題的改變有多快速。你可以利用這種現象。一旦你把對話推離了原先的敏感話題，其他人就難以回到舊軌。

閃躲問題最有效的方式是順其自然，想到什麼就說什麼是很厲害的一招。所以不要想太多。研究顯示，在很多情況下，對方甚至沒有發現問題被閃開，因為對話已經繞過去了。在大多數的對話中，對方並不是想刺探你最深與最黑暗的祕密，所以就算他們發現你在閃躲問題，也不太會繼續追問。

但如果他們有理由追問，這裡有最後一招：謝謝他們。如果有人問了你想避開的問題，你也許不會很開心，但假設這種交流是善意的，而你也確定對方並不是想要打垮你，那麼只要你能表達出自己確實了解對方的善意，拒絕回答就會比較順利。我們有一項研究，要求參與者想像自己問一位朋友他正面對的困境，並設想朋友以數種方式來回應。

「請了解我完全信任你，但我們談談別的」之類的回應算是很好的，因爲肯定了彼此友誼的價值。但更好的是表達感謝的回應：「你這樣問眞是貼心」與「我很感激你的關心」。當朋友感謝參與者的提問時，他們就不會介意接下來的是「但我不想談」或「但我們談談別的」。

當然，如果提問者是你的情人，就沒這麼容易閃躲。如果你眞的不想在此時談這個話題，最好的做法是請求延後，並安排重新對話的時間。你的伴侶應該較能接受你清楚表示自己並非逃避對話，而是需要先整理想法。

拒絕回答問題，說這是隱私、太私密或難爲情，因此避而不談，對親密的另一人而言，可能是種侮辱。我們不喜歡認爲朋友與親人不願意對我們坦誠。所以，如果你重視與發問者的情感關係，請設法表達肯定，表示問題不在於誰來問，而是目前的狀況；或說你需要更多時間。如果能爭取到時間，請務必好好利用。試著整理自己的想法，也許之後你會決定與某人談談。

拉住自己

守住許多祕密比閃躲問題或避免對話更困難。保守許多祕密最困難的部分在於，要確定自己不會把對話帶到不想去的地方。

被遮掩的自我

社會學家高夫曼（Erving Goffman）在他一九六三年的著作《汙名》，提到那些身分受到社會汙名化的人所面臨的負擔，其中包括了一些也許難以觀察的人，例如曾經入獄、加入某種宗教團體、有隱藏的殘疾或性取向。雖然他描述這些社會問題的字眼來自另一個年代，但他的研究對象所承受的個人困境，至今仍很常見。高夫曼認爲，我們都必須決定在特定情況下要展現多少眞正的自我。你可以選擇自由表達自我，或隱藏可能遭到負面評價的部分。

但不是所有人都擁有同樣的表達自由。當我首次在哥倫比亞大學提出研究報告時，已故的商業多元化專家凱瑟琳・菲利普（Katherine Phillips）與我談到近年來企業鼓勵員工在職場充分表達自我的事，她對這個想法的反應讓我至今難忘：「開什麼玩笑?!我才沒辦法在職場充分表達自我。我無法像對待朋友家人般和我的同事談話。」凱瑟琳的一些同事若聽到她這麼說，想必會很驚訝；畢竟她以眞誠互動而聞名，不論在個人生活或專業上皆是。但身爲一名黑人女性——第一位在凱洛管理學院與哥倫比亞商學院獲得終身教職的黑人女性——凱瑟琳不覺得自己符合傳統白人男性優勢的商學院環境。爲了融入職場，她覺得自己有某個很重要的部分無法自由地表達出來。

我們遊走在各種不同的社會環境——工作、家庭、朋友、家人，揭露了不同部分的自我，而某些環境會讓我們更有所保留。我和加州大學柏克萊分校教授德魯・雅各比─桑戈爾（Drew Jacoby-Senghor）研究了導致人們覺得無法自由表現眞實自我的日常情況。

在超過一千人的研究樣本中，每人都至少有一項被邊緣化的身分，常見的處境是身為整個房間中唯一的一個，差別可能在於種族、性別、社會經濟地位、體型、信仰或其他類型。特定的問題如「你來自哪裡？」也會讓人覺得自己格格不入。就算發問的人只是好奇，但被問的人可能有不同的詮釋：**「你為何在這裡？」**讓參與者感覺身分受威脅的其他常見情況，還包括了被要求為所屬的社會團體發言（例如人種、性別或族群）、有人對他們的成長環境有某種既定看法，或有人對他們不符合刻板印象時感到驚訝。

我們的參與者指出，還有另一種情況讓他們覺得無法展現眞實的自我：日常對話。高達八一％的參與者表示，他們覺得在對話中無法表達完整自我，**而且就在最近一週內**。我們說的是日常對話，話題包括了娛樂（如音樂、電視、電影、書籍）、嗜好、旅遊，以及成長經驗。當然，這些話題通常會讓閒聊變得輕鬆愉快，但如果你自由地與他人交談，很可能會暴露出你覺得並不屬於自我的部分。

在多元化的處境與情況中，我們發現，當人們覺得格格不入時，就會收起部分的自我，這讓他們覺得自己不夠眞誠。在日常社交互動中，感覺不眞誠則與日常壓力和較低的自我健康評估有關。

消耗認知能力的自我監控

不展露部分自我、避免與其他人不同，心理學家稱之爲「遮掩」（covering），最讓人感到氣餒的是，這似乎是件看不到盡頭的事。成功隱藏一次，不意味著以後就不用再這麼做。高夫曼說，這是額外的負擔，讓人必須時時「如偵測器般注意社交情況」。

高夫曼預言：社交互動被監控，是讓隱藏變得很麻煩的原因，經過這五十年來的研究，才終於證實了他的論點。康乃爾大學與加州大學柏克萊分校的教授克萊頓．克里奇（Clayton Critcher）向美國東西兩岸參與研究的大學生提出一系列問題，例如：「你想要小孩嗎？」「你如何描述自己理想的約會對象？」其中一組參與者被要求避免提到兩個詞：「早餐」和「因此」；另一組參與者則可以自由回答。事後，兩組參與者都進行了一項需要一點耐心與方向感的任務（計算某個圖形由幾個方塊組成，包括看不見的部分）。

在後續任務中，那些不說某些字詞的參與者表現得比能自由回答的差。光是在對話中不說某些字眼，就會造成認知能力上的疲乏。

克里奇的研究很有力，因爲這證明了自我監控有多費力，甚至連避免提到早餐故事這麼微不足道的小事也依然如此。但如果你要守住更重要的事呢？在一項相關研究裡，另一組參與者被問到有關約會的問題時，被指示要隱瞞他們理想的約會對象性別。用英語描述別人時，要小心不使用性別字詞如「**他**」或「**她**」是很困難的。值得注意的是，這也有效隱藏了參與者的性取向，所以我必須先說，這些參與者都是異性戀，因此他們沒有太多練習隱藏性取向的機會。和能自由回答問題的參與者相比，他們後續的任務表現也較差。

當參與者必須隱瞞理想約會對象的性別時，他們不僅必須注意特定字詞（自我監控，不使用「**他**」或「**她**」），也必須找到適合的替代詞（換成「**他們**」或「**我的對象**」）。

監控加上改換字詞，是否比單純的監控更讓人疲乏？事實上，兩組參與者看起來同樣疲倦。改換字詞的額外步驟並不比注意用字更費力。

當然，在認知任務上表現不佳似乎無關緊要。但有證據顯示，眞實生活中的長期隱瞞與健康不佳有關。九〇年代中期有一項研究，針對愛滋病患中男同性戀者的免疫功能進行監測，每六個月檢查一次，爲期九年，發現與出櫃者相較之下，隱瞞性取向者的免疫功能較差，病程進展較快，較有可能出現其他疾病，也死得較早。聽起來隱瞞會要命，但這些結果是因爲隱瞞帶來的精神疲勞造成的，或有其他原因？

關於那些衡量人們隱藏自我程度的研究，通常很難（是眞的很難）將隱藏行爲與「一開始就覺得表現自我並不令人自在」區分開來。爲了弄清楚造成傷害之處，我們不僅要知道他們是否隱瞞，也要知道他們是否對表達自己感到不自在。對此，有一項研究，參與者是來自於洛杉磯的同性戀團體，時間爲期兩週。研究者要求參與者每天都要注意任何能揭露自己性取向的機會，並記錄自己選擇揭露或隱瞞。每天結束時，參與者都要報告他們在表達身分後，是否感覺到支持。兩個月過去後，參與者也會報告他們對生活的整體滿意度。

研究者發現，隱瞞與較低的生活滿意度有關，但同時也與較低的社交支持度有關。觀察同樣社交支持度的人們後發現，隱瞞者過得並不比揭露者更差，但若觀察隱瞞程度相同的參與者，社交支持度較低者，生活滿意度也較低。

研究顯示，隱瞞的負面影響並非來自於隱藏性取向，而是來自於覺得自己沒有足夠的支持，所以才無法揭露。因此，只要你有其他的支持，而且如果隱瞞能保護你不受到其他非支持性的反應影響，那麼隱瞞的幫助也許就能大於傷害。

人們看得出來嗎？

如果你選擇對他人隱藏部分的自我，那麼這些人是否能準確看出你在對話中有所隱瞞？雖然人們看得出來你是否心情不好，或你正在找鑰匙，但他們無法知道你在想什麼。

你時時都有不願分享的念頭，人們當然也不會知道。你有很棒的小故事可以補充，但談話已經往前進行，你錯過了時機；或你想到一個笑話，然後決定不說，因爲它不甚得體；或你阻止自己評論，因爲有點失禮。如果沒有這些快速的對話選擇，這個世界會變得比較沒那麼優雅。動機也許不同，但相同的認知能力除了能讓我們不說低級笑話與無用評論，也讓我們不在對話中透露自己的祕密。

技術上來說，在對話中隱瞞祕密也許不會很困難，但我們常擔心自己的語氣、肢體語言或臉部表情會出賣自己——其他人會感覺到我們在隱藏什麼。但他們辦得到嗎？答案似乎是很肯定的「不行」。

一九九〇年後期，維吉尼亞大學的蘿拉．瑞奇曼（Laura Smart Richman）與魏格納進行一項研究，要求有飲食失調問題的女性參與者回答一系列問題。題目一開始是關於大學生活，最後朝向自我控制、飲食習慣和體重問題。這些參與者被指示隱瞞自己的飲食失調。研究也包括了另一組沒有飲食失調問題的女性參與者，她們則被指示要誠實回答問題。結果，研究助理聆聽錄音時，無法分辨哪些是隱瞞了問題的參與者，哪些是沒有飲食失調的參與者；針對兩組參與者的社交能力、參與度與親和度，研究助理也給予相同的評分。結果，不管隱瞞者有什麼內心掙扎，都沒有顯露出來。

如果人們想在毫無練習的情況下想隱瞞某事，而且不只是不用「他」或「她」之類的字眼，會發生什麼事？爲了找出答案，英國艾希特大學心理學教授安娜・瑞曼（Anna Reiman）進行了相關研究，要求參與者隱瞞自己的大學主修科目，假裝成醫學院學生（希望他們之前沒有人嘗試這麼做過）。參與者回答了關於大學生活的一些問題，接著被問到他們的主修。其中一組參與者可以自由回答，另一組則必須隱瞞他們眞正的主修。之後研究助理觀看訪談時的錄影，並說出對每一位參與者的印象，其中最重要的一點是參與者看起來有多坦率。不管參與者假裝是醫學院學生或說出自己眞正的主修，只要評分者覺得可以從回答來認識參與者，他們對參與者及整個互動的評價就會比較正面。

大多數關於隱瞞的實驗都利用了模擬訪談來進行對話。但眞實世界裡的對話卻大多不是這種形式。爲了測試隱瞞對較不正式的對話是否有負面效果，吳晉勳博士（Jin X. Goh）在華盛頓大學心理系進行博士後研究時，從學校的同性戀團體找來參與者，要他們談談最近的校園議題：關於大學給予校內同性戀團體的贊助經費。參與者被隨機指派要隱瞞或揭露自己的性取向或性別認同，接著與一位確認是異性戀的參與者互動（並沒有特別指示要談身分認同的話題），事後則由他們的談話對象及外界評分者（透過觀看對話錄影）來爲他們評分。根據所有評分者表示，那些有所隱瞞的學生看起來就與揭露性向的學生一樣自在，對交流互動也同樣熱情與積極。

這些學生讓我們知道，大多數的隱瞞行爲是偵測不到的——至少對陌生人來說是如此。熟識的人也許可以察覺到有事情困擾著你，或你有話沒說，但如果你能在其他方面表現得坦率大方，那麼你們的互動應該也會很順利。

想開口

梅樂蒂・卡森對警方認罪時，她知道，如果不是自己主動承認，其他人不太可能會發現她兒子的死亡眞相。都過了五十二年，這件事絕不會出現在對話中，但祕密還是一直糾纏著她。爲什麼？

我從未有過這麼久遠的祕密，但我想到，我父母的祕密加起來也有五十二年（每人二十六年）。我問母親，守密這麼久是什麼感覺？畢竟沒人會問我與弟弟的基因。就像梅樂蒂的情況，這種事不會出現在對話中。她說，有時與別人談話時，她會想到這個祕密，感覺有點尷尬，但從來不會因此覺得對話困難。

不過當我弟弟到了青春期，情況就改變了，他開始想知道有什麼是他從父母身上遺傳的，有什麼是自己發展出來的。別忘了，他從沒懷疑過自己與父親沒有血緣關係；他只是對父母的個人特質、健康狀態感到好奇，想要探索這些事而已。母親說，這時候事情「變得更複雜」。她心裡越是想到這個祕密，就越對沒有告訴我們眞相感到不自在。

也許有時候你的祕密就在內心某個遙遠的深處，彷彿並不存在。但特定的事件、對話或擔憂，讓祕密進入焦點、吸引了你的注意。當祕密與你的生命起伏有了關聯，也就產生了負擔。但祕密的負擔不僅來自內心對祕密的意念，也來自於我們的舌尖。

千萬別以爲當一個人守密時，就表示他不想談論它。我要一組參與者查看我們提供的三十八項常見祕密分類清單，關於他們擁有的每一種經驗（不管是否爲祕密），我問他們有多想跟別人談，結果祕密與非祕密沒有差別。在人們守密的普遍經驗中，他們想談論的祕密與非祕密一樣多。這是怎麼回事？

原來有兩種相對的力量在作用。根據我的研究參與者表示，感覺上越是無法解決的個人經驗，他們就越想談論；而相對於非祕密的個人經驗，祕密更容易偏向無法解決的那一邊。當涉及未解決的個人經驗時，我們會想解決它——最容易的做法，通常就是跟別人談論，但這麼做會與守密相衝突。想解決問題的需求，會把祕密拉到心思的最上層與你的舌尖，造成揭露；但你的意圖，也就是守密的承諾，則往相反的方向拉扯。

一般來說，我們都想與別人分享心中的想法；但涉及祕密時，我們不會讓自己這麼做。我發現，衡量這種壓力的有效方法，是問人們有多想讓自己談論祕密。而這個問題的答案也呼應了參與者所說、即使在祕密與日常對話十分相關時，仍隱瞞不說的頻率。我們越是想讓自己與他人談論祕密，我們就越必須主動阻止自己說太多。不管你是否必須閃躲問題，隱瞞所帶來的負擔中，確實有部分是來自於不讓自己說你希望說的事。

祕密何時傷害最大？

我們在前兩章看到，占據較多心理空間的祕密較有傷害性，會產生羞愧、孤立與難以理解。但這種傷害是來自於對祕密的思考或是隱瞞？人的心智經常徘徊於那些隱藏在對話中的祕密；像是你也許想到先前隱瞞祕密的那一刻，或正在想像並預備未來的祕密。然而在對話中隱瞞祕密，與在對話外一再想到該祕密是很不同的經驗。

隱瞞只存在於社交互動中，而且通常只有一小部分時間如此，你主要專注的是自己的說詞與態度，而不是你對守密感到多糟糕。

但是在社交互動之外，祕密仍有可能隨時出現在腦中。你極可能再次體驗、思索祕密，並沉溺於反芻思維中。思考祕密也許有幫助，但結果經常是相反的，因爲你是獨自進行。當我們選擇自己一個人去做某事時，往往很難找到健康的思考方式。我們會執著於負面、責怪自己、舉起雙手投降。當我們將某些事情隱藏起來、不讓其他人知道時，自己的負面思考傾向就不會被別人檢視。

隱瞞有時會帶來壓力，但不一定是守密造成的。比起必須在對話中守密，覺得無法自在做自己的傷害往往更大。隱瞞的當下可能不好受，但過去之後就好多了。我發現人們會把有效的隱瞞解釋爲一種成就（你避免了災難）。從這個觀點來看，隱瞞祕密不算太糟；而從守密意圖的觀點來看，每一次隱瞞都是一次成功。

梅樂蒂．卡森成功隱瞞自己的祕密五十二年，直到她無法忍受下去而去自首。五十多年以來，從來沒人揭露，甚至連問過她都沒，但她仍想坦白。她的祕密帶來的負擔，不是擔心有人可能發現眞相，而是沒人這麼做。她的故事彰顯了：隱瞞祕密通常是容易的，但困難的部分在於必須與祕密獨處。好消息是，你不需要如此。

第六章

坦白與傾訴

放下心中的石頭

某個溫暖的夏天，紐約市華盛頓廣場公園裡，在成群的大學生、下棋的人和觀光客之中，有人發現了一樣不尋常的東西：一具電話放在一張木桌上，旁邊有句標語寫著「祕密電話」，下面的說明是**「放下心中的石頭」**。按下其中一個按鈕，你可以錄下自己的祕密；按下另一個按鈕，就可以聆聽其他人分享的祕密。這是藝術家馬修・夏維茲（Matthew Chavez）的作品，他以創造了「地鐵治療」計畫而聞名。

多年來，夏維茲的裝置作品偶爾會出現在紐約市地鐵的地下連通道中，但他最大的一項計畫（讓他登上頭條新聞），是在二〇一六年美國總統大選後出現的，當時國家感覺極為分裂。夏維茲在第六與第七大道之間的第十四街地下道放了一張桌子，上面放著一堆筆與便利貼。想法很簡單：在便利貼上寫點什麼，然後貼在牆上。選舉過後的那一天，許多人表達了希望：**多一點傾聽，保持正面心態，團結讓我們更堅強，我們會熬過去的。**

這項計畫隨後擴展到聯合廣場地鐵站，最後估計，牆上共有五萬張便利貼，貼滿了走廊、柱子、從地板到天花板——遠看是絢麗的色彩拼貼，近看則是情緒與團結的抒發。

這項計畫是爲了療癒，而非政治。夏維茲只是想提供一個空間讓人們表達想法、分享情緒。這也是兩年後我所看到另一件作品的目標。我去布魯克林區聽音樂會，步行穿過同一條地下道，在便利貼裝置作品的誕生處看到一條標語，上面寫著「便利貼祕密」，牆上貼滿了用銀色簽字筆寫的黑色便利貼。一只黑盒子放在桌上，也寫著銀色的說明：**把祕密貼在牆上或放在盒子裡**。我先拍了一張照片，然後繼續走。我在趕時間，如大多數的地鐵乘客。但我突然一百八十度轉身，走回便利貼處，開始閱讀。幸好我這麼做了，因爲我碰到了馬修·夏維茲，他正要把便利貼從牆上拿下來。我們約好了時間討論祕密。三個月後，「祕密電話」誕生了。

在馬修看來，祕密電話是便利貼牆的語音版；不是寫字在便利貼上，而是對話筒訴說祕密。我們白天把電話放置在公園中，歡迎經過的人拿起話筒，聆聽其他人的祕密，也分享自己的祕密。剛裝好祕密電話時，我們完全不知道該期待什麼，但人們很快就排隊分享祕密。在錄音中，有人說他欺騙了伴侶四年，但他想停止；另一人描述自己不小心刮壞了一件藝術品；還有人回憶在七歲時偷了好友的襯衫。

人們想坦白祕密。這有什麼好意外的？我們得知人們不喜歡與自己的意念獨處，而守密會激起羞愧、孤立與難以理解的感受。我們至少會向一人傾吐自己超過一半的祕密，這意味著內心爲此受苦多半是不值得的。

有了好的理由，我們更傾向於跟其他人分享自己的故事。對別人敞開自己，能讓我們爲人所知；對別人敞開自己，也是**我們**學習了解自己的方式。只要與別人分享**祕密**，一個不會隨便告訴任何人的祕密，就可以開啓全新的可能：尋求建議、連結、支持——如果你選擇對的人。

我們過去的故事

「過去」非常特殊，有時你甚至可以感受到它形成的經過。我們珍惜回憶：與朋友的相處、一趟海外旅行、一場婚禮。我祖父母曾去歐洲旅行，五十年後，祖母還能一個接一個向我講述旅行的故事，並細數各種細節。她的故事多半是意外小插曲，例如迷路或點了意想不到的食物。但有一個回憶特別不同：在一座山丘上，祖父母比肩而坐，俯視著一座湖泊與底下城鎮的燈光。在丈夫身邊，新婚，黃昏降臨。她告訴自己：「我將永遠記住此刻。」她做到了。她記得如此清晰，以至於能在數十年後詳細描述給我聽。人類的記憶運作眞是神奇，但我們爲什麼要抓住這麼多細節？

如果你曾經下載電影以供日後觀看，你可能會注意到檔案占據了多少硬碟空間。我們爲何付出這麼多心智空間來存放電影般的個人回憶？爲什麼要抓住這麼多細節，就像我祖母在法國山丘上的點點滴滴：景象、時間，甚至當時她腦中的意念？

認知科學家很早就知道我們的事件記憶（episodic memories，過去經驗的回憶，如山丘上的時刻）與語意記憶（semantic memories）有很大的不同。語意記憶是事實的儲存（如法國是一個國家），與過去經驗有關的事件記憶則非常豐富，包括了**如何**產生那段回憶的過程；語意記憶卻不是這樣。你知道法國是一個國家、祖母是一個身分，但你不記得自己如何學到這些事實、在哪裡學到的、當時旁邊有什麼人。與最近對愉快節慶活動的回憶相比，你不僅記得活動的事實，也能重新體驗事件本身。你知道自己如何記得那件事：你人就在那裡，並親身經歷它。

我們對過去經驗的豐富回憶讓我們足以與別人分享，而且也經常這麼做。根據估計，我們的言談中，過去經驗占了四〇%。分享過去的故事，讓我們能彼此學習與了解，也變得更加親近。尙—路易．德薩爾（Jean-Louis Dessalles）在《我們爲何說話：語言的演化起源》一書中認爲，人類的溝通與動物的溝通正是因爲有這種差異：我們會說故事。動物不會對彼此描述過去經驗，但人類會，而且經常如此。

人類是天生的說故事者。在第二章，我們談到當孩子學到如何注意自己的內在世界後，就更能回想起過去的經驗。說故事成爲與別人分享這些經驗的一種方式。隨著孩子累積對過去經驗的回憶，他們越來越能按事件發生的順序來描述它們。說故事讓我們能向不在場的人證明自己眞的看到了。我們的事件記憶讓我們能夠肯定地述說過去的故事。

哥倫比亞大學教授愛德華．托利．希金斯（Edward Tory Higgins）在《分享現實：是什麼讓我們團結與分裂》一書中說，我們溝通的用意不僅是要分享知識，也包括從其他人那裡獲得知識。世界十分複雜，我們想知道其他人是否有同樣的經驗。我也許會向你談到我對最近新聞的看法，但那不是爲了報告我的最新觀點，而是想知道你怎麼看同一件事。我們分享自己的想法與感受，也想聆聽其他人的想法，這樣就可以知道其他人對世界的經驗是否與我們一樣，了解他們的觀點是否與我們一致。

我們能與其他人談論的話題不計其數。但關於對話的研究顯示，我們大多在談自己。這是怎麼回事？人類是天生的自戀狂嗎？想談論自己並不是什麼過錯，畢竟自我是日常經驗的重要組成。你分享自我，因爲你想聽別人的想法，才不得不說。如果你對其他人隱瞞了部分的自己，就等於關上了大門，無法知道身邊的人對你有什麼想法；正如我們接下來將看到的，相對於你最害怕的事，他們更有可能會說些好話。

為人所識

人類的記憶系統儲存了極豐富的回憶，好與別人分享，而且我們大部分的溝通都在述說自己過去所經驗的故事。有時我們想抒發，有時我們有重要的訊息要傳遞，有時我們有疑問，但在大多數情況裡，與別人分享自己的故事，讓我們得以被他人認識。

我們可能比其他人更知道自己，但這不表示我們完全了解自己；畢竟自我不停改變，我們又怎麼能這麼說？

在一項研究中，我問參與者有關他們重要的生命事件、發生的時間，以及對今天的他們有什麼影響。參與者表示，生命事件的發生時間離現在越近，對他們的影響越大。在後續的研究中，我發現當重要的生命事件發生時——也許是從家裡搬出去住、上大學、創業、遷移到新地方、開始或結束重要的情感關係、有人誕生或死亡……也是參與者說他們改變的時候。時光讓生命逐漸改變，我們也是。

關於自己，我們總是有更多要學習的。與他人的對話讓我們能夠傾聽，其他人的回饋也讓我們能對自己做出新反思。如果你覺得自己幽默，可以對朋友說個笑話。如果他們笑了，你的直覺也許正確；如果他們不笑，也許直覺不正確，而你有可能想多收集一些資訊。如果你一輩子都住在一座島上，沒有任何鄰居，將無人可以比較，無人給予回饋，也無人當你的鏡子。我們需要分享自己，才能了解自己。

但我們爲什麼要了解自己？普林斯頓大學的社會神經科學家黛安娜・塔米爾（Diana Tamir），根據可觀的神經成像資料發現，基本上，我們想透過了解他人來預測他們的行動。當我們了解其他人的心智狀態，就會知道他們接下來可能會做什麼，不做什麼。了解自己也有同樣的好處。只有足夠了解自己，承認你想改變自己的某些部分（否則不會自己改變），你才能往那個方向前進。自我了解，再加上相信人們可以改變，會帶來樂觀態度、更好的決策，與有效的目標追尋。了解自己有很多好處，最好的方式就是對其他人揭露部分的自我。

我剛把所有人都說成是極端自我中心的傢伙。我很抱歉。當然，你與人談話不僅是爲了自己。基本上，認識他人與爲人所識是條雙向道，我們與朋友聊天是眞心想維持聯繫。長久以來的研究發現，揭露自我與社交連結是並行的。

揭露自我，我們才能爲人所識，而這也是我們用來連結他人的方式。因此在各種人際關係中——友誼關係、愛情關係、家庭關係、同事關係——大家彼此揭露得越多，關係就越健康快樂。

所以，是什麼阻止了我們？

別人會怎麼想？

躲在問題背後的代價

「我想讓大家安心。我想要站得直，走得正。我熟記了空間裡不同人與物體的關係，這樣我就可以在對話中提及，並悠遊於其中。我配合接觸到的人，透過自己的其他感官盡可能蒐集他們的資料，這樣他們就知道我在注意他們，也能因此感覺到自己被看見了。」

哥倫比亞大學教授希娜．艾恩嘉（Sheena Iyengar）在《誰在操縱你的選擇？》一書中，這樣描寫她在社交互動上的努力。希娜小時候因爲罕見的先天性疾病造成視網膜退化而失去了視力。「我試著不當一回事。但這種態度得來不易。事實上，在我小時候，眼盲讓我很介意。讓我感到羞愧，想道歉、躲藏在黑暗中。」直到辛娜十三歲之前，她的家人都把她的失明當成祕密。

「我的生活似乎取決於知道每一個人與物品的位置，我才不會絆倒、碰撞或摔交。如果發生了，我必須能立刻提出解釋。」爲什麼要守著如此困難的祕密？「**Log kya kahenge**」，她的父母會這麼說。這是一句常見的印度話，意思是：別人會怎麼想？

但躲在問題背後是有代價的。「我的世界原本就很小。如果我不在家或在學校，就是待在廟裡：每週五晚上、週六晚上、週日一整天。『**別人會怎麼想**』更限制了我的活動。當我的視力越來越衰弱，我發現自己被困在越來越小的圈子裡。」

所幸，還有一件好事：希娜在學校可以透露這個祕密。畢竟，她能不透露嗎？守密只是針對某些人，主要是她所屬的印度人社區。「我家人很想對其他印度人隱瞞我的失明，也許是因爲他們覺得，印度人會認爲這是一種過錯，可能會因此批評我的家人；或他們更擔心被自己的社區拒絕與排擠。」

但這種擔心有道理嗎？芝加哥大學行爲科學家尼可拉斯・艾普利（Nicholas Epley）在著作《爲什麼我們經常誤解人心？》談到我們對其他人反應的預期經常出錯。他要參與者邊咀嚼一大塊口香糖，邊唱〈星條旗〉與快節奏的搖滾歌曲，然後預測其他人如何評價他們的表現，結果人們比他們想得寬容許多。大多數人都知道這些歌不容易唱，所以也會調整評價；然而我們多半不會預測到這種調整：我們忘了其他人會考慮環境狀況。

有一次在派對上，我的一位朋友突然說：「我有一件事想承認。我在大學的成績不好。」我問她是什麼促使她分享這件事，她先是反射性地說：「天啊，你在研究我！」然後她告訴我，她突然明白，朋友不會因此評斷她。就這樣，這是一個很容易放下的祕密。她很正確地發現，這項新資訊微不足道，只是我們共同經歷及關於她其他資訊中的一個小細節。

別人比我們想像得更寬容

當你向其他人承認一件事情時，他們不會立刻忘記其他一切，只專注於新資訊上；但守密的人很難想到這種可能性，因爲他們太習慣去設想最壞的情況，卻忘記了還有其他可能。當你只能依靠自己來處理祕密時，就不太可能發展出更健康的方式來思考它。

希娜的學校同學知道她快瞎了。「同學們會因爲我的異常而取笑我、捉弄我、折磨我。他們給我取綽號、在我走動的路徑上放障礙物；當我想跟他們玩時，他們會跑開或打我。」學校不是希娜的避風港，但她說在學校感覺更自由：「不是因爲我的失明，而是因爲隱瞞失明帶來的負擔。我覺得我可以自由地過著盲人的生活、處理可能的困難，而不是冒充視力正常的人。最後我仍然找到朋友、老師與支持者，教導我去夢想一個未來，幫助我在世界上達成許多夢想。」

「別人會怎麼想？」 長大後，希娜明白她父母把這句話當成了警語。「聽起來像是疑問，其實是一種命令與警告與指控……你敢就試試看，或你怎麼可以這樣，因爲別人會說話。」但現在，她對這句話有不同的態度。她建議大家「把這句話當成眞正的疑問，好奇地探索其他人眞的會怎麼想」，而不是當成揭露祕密的阻礙。把這句話當成一個思想實驗，仔細分析。別忘了，研究的結論很明確：別人對你的看法會比你預期的更寬容，身邊的人與熟識的人尤其如此。我們會根據一項負面資訊快速評斷陌生人，但對親近的人不會這樣。幾乎在所有情況中，朋友、家人與戀人對你的印象不會立刻反轉；他們不會根據單一資訊就做出重大的性格判斷。

當我們選擇與一個祕密獨處時，常會專注在最壞的情況、做出最惡劣的結論；但人們會諒解，也會寬容。揭露祕密也許需要勇氣，如果眞是如此，人們應該看得出來。揭露敏感的事情讓你顯得脆弱——這聽起來也許很糟糕，但這麼做同時也傳達了信任，其他人會知道你選擇信任他們。這是親密關係的內在，我們藉此從其他人那裡得到幫助與支持。

坦白與否

舞蹈家妮姬塔・摩瑞諾（Nikyta Moreno）不知如何解釋丈夫在他們婚姻最後幾個月的奇怪舉止。「彷彿一盞燈被關掉了。他停止與我溝通，拒絕去心理諮商。我不知道是不是有什麼醫學上的問題，改變了他的性格。」很久之後，她才發現這位前夫欺騙了她，突然間，他的行爲改變全都說得通了。讓人感到不可思議的是，她是從他在《紐約時報》上的結婚啓事得知他不忠的事實。啓事上說，他在二〇一七年一月認識新娘，但當時他與妮姬塔尚未離婚。對外遇一事守密讓他變得逃避與封閉，彷彿變成另一個人。

如果你有這樣的祕密，是否該坦白？這個問題其實包括了兩個不同的問題：坦白是否能爲坦白者帶來寬慰？你的坦白對另一人及你們的關係有什麼影響？第一個問題的答案幾乎永遠是明確的肯定；至於第二個問題，視情況而定。

不再背負祕密會讓人感覺很好，但然後呢？坦白的感覺也許很棒，直到對方開始哭泣、大怒，或扯下婚戒丟到海裡。當然只有少數的坦白會帶來如此惡劣的結果，但重點是，坦白的後果大致上取決於對方的反應。

坦白什麼？

人們守密以保護名譽、情感關係，與其他可能會被傷害的人。但我們覺得自己對其他人有誠實開放的義務，尤其是對親近的人。芝加哥大學行為科學教授艾瑪．拉文（Emma Levine）研究了這類困境，表示在特定情況下，有個明確的標準可以遵循：仁**慈**。例如朋友在前往夜店的計程車上詢問自己的穿著如何，如果換衣服已經太遲的話，那麼任何負面評語都沒用。或是當有人說「我想你」時，好回應其實只有一個，就是「我也想你」（我有一次回答：「我還不想你，但我很快就會了！」後來學到了教訓）。

拉文發現，當透露眞相會對他人感受造成不必要的傷害時，隱瞞資訊反而會是大家認爲正確的選擇。因此，所謂的「白色謊言」時常被認爲比赤裸的眞相更具有道德與仁慈。

記者兼作家賈各布斯曾嘗試一整年都不說謊（並遵循《聖經》上的所有規矩），結果不是很好。賈各布斯與妻子去一家餐廳，看到妻子的朋友也在那裡用餐。他們開始聊天，妻子的朋友說，大家可以安排時間聚一聚。賈各布斯覺得自己必須說實話，所以他說：「你們看起來都是好人，但我完全不想跟你們聚一聚……我連自己的朋友都見不到面，所以謝了，不用了。」回應呢？賈各布斯說，那些朋友顯然受到冒犯，而且妻子非常生氣。「氣到不肯看我一眼。」

在保持仁慈與殘酷的誠實之間，大多數人會認爲友善是上上之選。但我們的許多祕密不是這種難題。坦承把孩子的大學基金賭光了、失業了，或違背了某人的信任，完全不同於給予一家餐廳慷慨的五顆星評價，而不是誠實的三顆星。

大致上，祕密越少，我們會過得越好，但並不是每個祕密都該被揭露。所以你應該坦白哪些祕密？

要考慮的其中一個因素是，如果對方透過其他管道發現了祕密，對你的信任是否會受損或完全被毀。例如基因檢測越來越方便與可負擔，我和弟弟可能會不小心發現我們是透過捐精而誕生的。在〈基因檢測的年代，無所謂的家族祕密〉這篇報導中談到，有些人因爲基因檢測服務而意外發現家庭歷史的新資訊。甚至還有一本關於這個主題的書：莉比．柯普蘭（Libby Copeland）所寫的《失去的家庭：基因檢測如何顚覆我們的身分》。

幸好我和弟弟不是透過基因檢測服務知道這個祕密的。但父母後來告訴我，他們對我們得知此事的方式感到遺憾。二〇一三年初，我媽跟弟弟在電話裡聊天，她告訴弟弟關於她最近發生的一次爭執，這很快就變成了討論不同家庭成員對爭執的不同應對方式。我母親開始描述一個故事，然後想起故事中的爭執正是關於是否要對我與弟弟隱瞞眞相。

「我想到：『天啊，我不能告訴他。』我說到一半就中斷了，因爲我想起了這個故事的內容。」但話說到一半就停下來很不尋常，所以我弟弟要她往下說。母親解釋她不能說，弟弟繼續追問，她說那是關於一個祕密，她承諾永遠不說。最後我弟弟就在那通電話裡得知了這個祕密，而我也在兩天後被告知，就是我面試的那天晚上（幸好大家都知道要等我面試結束後才透露消息）。但我父母不希望我們是這樣知道祕密的。在他們的想像裡，是大家聚在一起，同時告訴我們這件事，而不是說溜了嘴與半夜裡的電話。

所以，如果祕密可能被意外揭露，或在你沒有說出口的情況下仍被得知，那麼最好還是搶先一步，至少可以控制場面。對於最後終究會被發現的祕密，或不太可能永遠隱瞞的祕密，問題不在於要不要坦白，而是何時坦白。

舊帳翻不翻？

那麼比較不會被發現的祕密呢？例如你過去的祕密，現在無人知曉，或只有你看到的事件或行爲。爲何要告訴任何人這些事？也許你認爲這項資訊可以更正某人對你的不正確看法，或你想澄清一些紀錄；也許你想透過分享經驗來建立感情，或你只是想放下自己的負擔。

除了祕密本身，如果守密和隱瞞會讓對方不高興（「你怎麼能瞞著我？」），那麼越早坦白越好。尋找適當的時機也許很困難，但拖延可能只會讓事情更糟。你可以逐步進行，讓對方知道你想談一件事，甚至大概提到你要談什麼話題。就算不是當場要說，也能降低後續的衝擊。

但如果坦白祕密會傷害情感關係，那該怎麼辦？所有人都希望知道答案。這個難題的經典例子就是要不要坦承外遇？在超過五萬名研究參與者中，有三分之一告訴我，他們在生命的某個階段裡曾有過外遇。在那些欺騙伴侶的人之中，約三分之一最後坦白了，三分之一沒告訴任何人，剩餘的三分之一則對某些人守密，但選擇性地告訴了其他人。

作家丹．薩維奇（Dan Savage）在他有關情感建議的專欄《野性之愛》中提出警告：坦承外遇也許會讓**你**覺得好過一些，但也可能讓伴侶感覺更糟。你非要把這件事的負擔也放在伴侶身上嗎？薩維奇表示，如果又發生外遇，那麼這也許是其他問題的症狀，需要處理；但如果外遇是單一事件，永遠不會再犯，那麼只讓一個人承擔，對大家可能都比較好——如果是只發生一次的遺憾錯誤，那麼最好別去碰舊帳。

當然，這項建議的風險在於守密會改變你的行爲，導致伴侶對你的信任度下降，如妮姬塔與她的前夫。不論你的情況如何，如果你對自己的意念與感受多半很坦然，你的情感關係也會比較穩固。

你也應該考慮：伴侶對這件事有何期望或考量？我對三百位有穩定情感關係的參與者提出以下狀況：「想像你的伴侶在旅行中（你並未隨行）的某天晚上喝醉酒，出了軌（與其他人上床）。想像這是一次嚴重失足，沒有其他更大問題的跡象；而且這種事百分之百確定僅此一次，永不再犯。你會想知道嗎？」二三％的參與者表示「希望伴侶守密」，七七％則說「希望伴侶坦白」。

所以，你會不碰舊帳，還是坦白？另一人會想知道嗎？你不用自己一個人回答這些問題。你可以找人傾吐，聽聽他們的想法。

找人傾訴

找人傾訴就像魚與熊掌兼得：你既可以談自己的祕密，也可以同時守密。但為何我們不常這麼做？

很少人會詢問我們的祕密。整體來說，這是很好的現象，但也意味著人們很少**準備**好聆聽我們傾訴，談論我們想討論的話題。我曾處於這種情況，想分享祕密，也等待適當的揭露時機。結果呢？一直沒有發生。除了分享祕密（多半只有在喝酒的場合），人們不常為你開啓這扇門；你必須自己去打開。

你說了，所以我也說

希娜．艾恩嘉與我想知道，如果我們為人打開這扇門，會發生什麼事？如果我們讓他們有機會彼此傾吐祕密，尤其是對不該隱瞞的人，又會如何？

我們找了兩名陌生人到實驗室，要他們輪流從我們提供的清單裡提出初識時會問的問題，例如：「如果你可以去世界任何地方度假一個月，而且錢不是問題，你會去哪裡？會做什麼？」「有沒有什麼事情是你想去做想了很久的？為什麼還沒去做？」「如果你能改變成長過程裡的任何事情，會是什麼事？」

這些問題來自亞瑟．艾隆（Arthur Aron）與同事在一九九七年設計的「快速交友程序」，讓人們互相自我揭露，經過幾次輪流問答後，創造出即時的親密感。想像你曾有過的愉快聊天經驗，也許是與一名咖啡師、派對中的陌生人，或你不熟的同事，在當下感覺到真實的社交連結——就是那樣的感覺。

一名女子在快速交友程序中愛上了她的對話搭檔，正如《紐約時報》一篇精采的現代愛情專文〈要愛上某人，就這麼做〉，曼蒂．琳．卡隆（Mandy Len Catron）解釋：「因爲脆弱的感覺緩慢增加，我並沒有發現我們進入了親密領域，直到我們已經深入其中，而且這個過程通常要數週到數月時間。」研究支持她的經驗：一項實驗發現，當兩個人彼此詢問快速交友程序裡的三十六個問題，會立刻增進他們的親密感。

爲了測試快速交友程序能否增進親密感到足以透露重要個人祕密的地步，希娜與我設計了更快節奏的版本，把問題數目減半，並縮短距離感，最後幾個問題是：「你最遺憾的事情是什麼？」與「你最惡劣的回憶是什麼？」算是相當沉重的問題。

參與者彼此提問後，被帶到另一個房間，看到我們的三十八項祕密分類清單，找出他們目前正在保守的重要祕密，並指明哪一件是他們願意分享的。接著，參與者再次與他們的搭檔會合，現在他們可以隨便談任何想談的——關於實驗及其他任何事情；對了，還有一件事：請與另一人分享你的祕密。

在相互了解後，參與者是否感到夠自在到足以和對方分享重要的個人祕密？結果約有五〇%參與者與另一人分享了祕密。我們也詢問了關於祕密的額外問題，讓我們得以比較能分享的祕密與其他未分享的祕密之間，是否有所差異。

有一項複雜的因素在於，如果有人分享了，另一人也總是會照做。所以，要不是兩人都分享了祕密，就是兩人都沒有分享。這可能意味著社交連結總是雙向的，有些互動讓參與者雙方都更自在敞開心胸；也有可能是由先說的人來決定雙方的結果，如果有人分享了祕密，另一人就會覺得有義務回報。

即使如此，人們會說與沒說的祕密之間還是有顯著的差別。要求參與者分享祕密前，我們先問了他們，是什麼讓守密變得困難？是感到孤立、不眞誠、隱瞞的壓力？或只是自己腦中對祕密的擔憂？結果發現，參與者越是對祕密感到擔心，就越可能與另一人分享。實驗結束時，我們也問透露祕密的參與者有何感受。結果，越對祕密感到擔心，揭露後的感覺就越好。

適合傾訴的對象

現在你也許會想：**當然，參與者越是感到擔心，感覺更好的空間就會越大**。這正是重點。你可能已經找到關於祕密最惡劣與最有害的思考方式：全靠自己承擔。因此，讓另一人知道是有益處的。

向人傾吐的最好時機，就是當你感覺自在的時候。揭露祕密讓你覺得自在，可能是因爲與你談話的人剛剛透露了私人的事情；也許只是兩人談得很愉快，讓你看到了機會。如果你選擇了適合的人，那個人就會幫助你。

那麼，什麼樣的人適合透露祕密？我用這個問題向數千名參與者提問。人們通常會說，有同情心的人是理想的心腹之交。這很合乎直覺：一個懂得體諒與接納的人，較會對你的坦白表達同理心。但我也發現，人們喜歡堅定果斷的人。這種特質的人有一個好處：他們會積極協助你尋找對策與前進的途徑，並促使你採取行動。

如果向人傾訴會導致對方被問題糾纏住，或要他們守密是一項負擔，那麼你不坦白倒還算是幫了他們一個忙，去找別人吧。你可以找一個距離問題較遠的人，甚至是陌生人。我聽過有人傾訴祕密的對象是酒吧的酒友、計程車司機，還有心理治療師。向陌生人吐露祕密（如我的研究參與者），可能是魚與熊掌兼得的一件事。分享的風險很低：不會傳到認識的人耳裡，你也能放下負擔。

向認識的人傾吐祕密也確實有好處。在一項有兩百名參與者的實驗中，總共揭露了約三千個祕密（遍及三十八項分類清單）。我發現，人們經常說他們喜歡得知別人的祕密，並會因此感覺更加親近。敞開心胸帶來的脆弱感不僅傳達了信任，也是一種親密。選擇傾訴的對象時，別忘了人們通常比我們想得更寬容，他們對我們的印象也沒有想像中那麼不堪一擊。選擇正確的人來傾吐祕密，你們的關係應該可以承受得起。

除了選擇一個能以有益方式做出回應的人，你也要確定你傾訴的對象可以安全守密。幸好，根據我們的研究顯示，人們對其他人傾吐的祕密大多能維持守密：最好的估計是七〇%。如果這個數字讓你感到驚喜，不用客氣；如果這個數字讓你困擾，好消息是你可以仔細選擇心腹之交，大幅提高勝算。

人類喜歡交換故事，自然的延伸就是喜歡說閒話。人們透過聊八卦來建立感情：除了讓我們有話可談，也是娛樂的來源，同時還傳達了資訊：可以警告大家有壞人。閒話的「社交活動」與「道德警示」這兩項特質，符合人們不希望心腹之交擁有的兩項特徵。在我們的研究中看到，人們較不會對愛說話的社交花蝴蝶吐露祕密，也不會找自命清高的人。所以，如果你朋友是有名的大嘴巴，那可能就不是知己的最好選擇。另外，就算有人充滿同情心，願意幫忙，但如果你知道對方有不同的道德觀，或可能對你的傾吐感到驚訝，那麼最好找別人。從我們的研究看到，越是在道德上對你的祕密行爲感到憤怒，就越有可能告訴其他人。所以去找有類似道德觀的人比較安全。

儘管我們時常想像相反的效果，但找人傾訴仍多半會帶來有益的反應。你的知己有很多正面的回應可以選擇：可以聆聽（「我支持你」）、肯定你的經驗（「太糟糕了」），或表達同情（「啊，眞遺憾聽到你這麼說」）。也許對方只是聆聽，並提供情感上的支持或提供建議，但我們的研究顯示，談論自己的祕密能讓你感到較有信心，也較有能力處理。

尋找新觀點，挑戰你的想法

如果你還沒找到適合的人來傾吐祕密，還有一個管道可以處理它，而且完全不需要其他人參與：把你的想法寫成文字。

回顧詹姆斯．潘尼貝克對於喪偶者的研究，發現談論悲傷與傷痛似乎比不談更有幫助。在後續的研究中，他想更了解什麼有助於表達一個人的傷痛。潘尼貝克在實驗中嘗試給予人們不同的方式來處理傷痛，同時消除其他人的回應帶來的副作用。

這次不是與別人談論傷痛，潘尼貝克要這群還在念大學的參與者寫日記。一組寫他們對過去傷痛事件的**情緒**，另一組寫下傷痛事件的**事實**，第三組則同時寫下**情緒與事實**。他們連續寫了四天，這三組參與者可選擇寫同一起事件數天，或每次都寫不一樣的。第四組則每天寫一個無關緊要的題目，例如描述住家的客廳或腳上的鞋子。

在與學生健康中心的合作下，研究者得以拿到學生在寫作練習前後數月的看診次數紀錄。其中有三組顯示健康問題增加，可能是因爲冬天到了，待在室內比較容易傳染疾病；但有一組在冬天沒有增加健康問題：寫下傷痛事件情緒與事實的那一組。

潘尼貝克的後續研究顯示，寫下傷痛事件時，承認負面情緒有幫助，但過度專注於此則不然，因爲筆記只會變成有害的反芻思維文字紀錄。更有幫助的是使用能指出傷痛認知程序的字眼（例如**爲什麼**、**因此**、**所以**）。思考創傷經驗後找到的前因後果、理由與教訓，可以帶來健康的改善。

那麼，我們能不能跳過找人傾吐，只寫下問題？關於這點，我有壞消息要告訴你。潘尼貝克會率先承認，寫作並非對所有人都管用；換言之，日記不是萬靈丹。日記的益處是多方面的，但不一定與處理祕密有關。例如，寫下正面生命事件似乎比負面事件更有健康上的益處，甚至連寫下該如何處理自己從未經歷的傷痛，也對健康有益。這些寫作經驗之所以有幫助，是因爲可以練習多重觀點，同時也讓人能專注於平常不會注意的事情，無論是生命中的好事，還是應付壓力的不同方法，或思考問題更新與更有效的方式。

如果你還沒準備好與別人談論，那麼找出後退一步整理想法的方式，是開始處理它的唯一途徑。如果寫成文字對你有吸引力（或至少不排斥），像這樣跳出自己平常的觀點，較有助於處理傷痛。嘗試挑戰你平常的思維模式，不要太專注於負面或過去，而是更專注於此刻與未來。

還有其他的方法能幫我們往前進。例如你可以寄出匿名卡片來揭露自己的祕密，如成千上萬人在受歡迎的《寄出祕密》計畫中所做過的。二〇〇四年，法蘭克．華倫（Frank Warren）在華府的車站外頭送出三千張明信片，要求人們寫下一個祕密後寄回給他。到了二〇〇五年初，他已收到足夠的回信以定期放上網路。

祕密來自於全世界，並持續了好幾年。許多明信片很感人，有些讓人心碎，有些也很好笑（如一位星巴克的員工坦白：**我給那些無禮的客人喝低咖啡因咖啡！**）。如果你手邊沒有明信片和郵票，也可以在網路上匿名說出這些祕密（你可以找到許多以此爲主的網站）。我們在研究中發現，做爲一種分享練習時（「把你的祕密告訴我們！」），在網路上匿名透露祕密會讓人感覺相當好：祕密的負擔剎那間消失了。

但有一個問題：把祕密釋放到雲端也許很容易，沒那麼可怕，但通常需要與另一人對話，才比較不那麼孤單。少了另一個人，就很難跳脫你慣常的思維模式。

不管是在你面前、在電話另一端，或匿名的網路連結，另一個人可以給你情感支持，空白的紙張卻不行。另一個人可以挑戰你的負面思維，這對處理困難經驗特別有幫助；也可以提供實際的支持與新鮮的觀點，而這是難以靠自己發現的。日記或其他方式的缺點則是無法提供另一人參與的機會。

雖然也許不總是這樣，但世界上總有一個人願意聆聽與幫助你。你的知己也許會告訴你什麼地方做錯了，甚至堅持要你修正錯誤，但也會支持你。

祕密並不全然有害，它們可以讓人更親密。事實上，本書一直在繞開一種非常好的祕密，現在我們終於可以談了。

第七章

正向的祕密

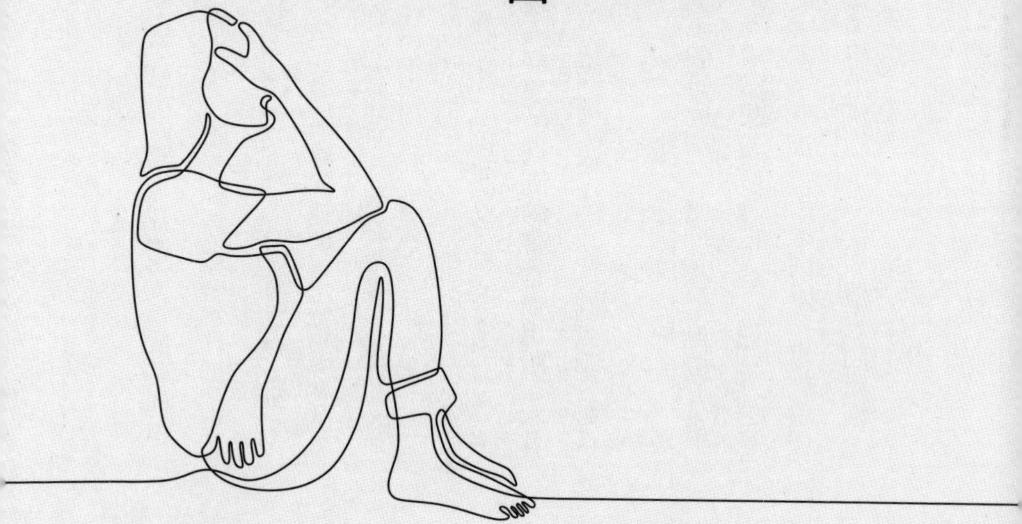

花點時間想像一下，你剛收到很棒的消息：你贏得了大獎、升遷了，或其他事情。不論生命有什麼令人興奮的發展，想像你剛剛遇上了。首先你要做的是什麼？

在一項研究中，我問了五百人這個問題，七六%說，首先他們要告訴別人這個好消息，壓倒性地勝過了第二常見的答案：一〇%表示要微笑或表達興奮之情（歡呼、跳舞、握拳、叫好）。剩下的參與者則說，他們會好好品嘗此刻、表達感謝，或再次確認消息是否正確。

當然，我們大多會對好消息感到歡欣，但通常最先想到的是**分享**消息。有一次，我看到同事憤怒狂吼，因爲他得知自己的論文通過《科學》期刊的審查並出版（相當於論文被哈佛大學接受）；但他的激動是因爲那天他行程滿檔，無法立即打電話告訴伴侶，好安排慶祝活動。

不需要是最美妙的消息才會讓你想分享。在後續的研究中，我問參與者關於他們生命中的所有**好事**，在約三千件好消息中，有九六%表示想告訴其他人。這些好消息包括了重要的成就與令人興奮的生命發展，但也包括了「小勝利」，例如完成一項任務、獲得某種認可、開始新計畫、得到新的擁有物、想出新點子、找到遺失的東西，或得知未來可能的好發展。我們會想告訴別人這類事情。

每次分享，我們就又有機會來慶祝好消息；與其他人分享喜悅，就能讓好時光延續下去。但我們不一定總是立刻分享每一件好消息——有時我們會暫且按捺住，等待最好的時機來揭曉。

現在似乎是承認我隱瞞了一項祕密的好時機。當我分享常見祕密地圖時，我並沒有提到地圖上少了兩項祕密（但三十八項分類清單上有）。那兩項祕密是計畫求婚與計畫其他驚喜，之所以不在地圖上，是因爲它們完全處於不同的空間，自成一格。

談到「正向的祕密」，隱瞞的重點在於未來將有盛大的揭曉，並期待這樣的揭露是有益的。

打破日常，期待未來

一旦談到祕密，我們就不會眞的那麼在意未來。就算我們建立了聰明的防禦與巧妙的掩護故事來隱藏某些經驗，這些做法仍比較像是往後看，而非往前看，因爲這是把注意力放在過去的事件（也許還包括它們的替代版本）。一般來說，直到我們開始考慮揭露一個祕密時，才會準備思考未來。

但對於**正向**的祕密，我們較會往前看祕密將揭曉的時刻。思考揭露正面的事情，可以讓正向效果更強烈，不僅發生在揭露前，也時常出現在揭露後。

好事將至

想像一下，你計畫連續兩個週末要出城旅行。其中一個週末要拜訪一位脾氣不好，也不是很熟的親戚。你並不期待這次拜訪會很愉快，那只是自己必須做的事。另一個週末，你將與許久未見的好友相聚。假設大家都有空，你會先去拜訪誰？

當一項研究提出這個問題時，九〇％的人表示，不論先提出哪個選項，他們會在第一個週末先解決不愉快的拜訪，第二個週末再去看朋友。當然，如果你先在第一個週末去看朋友，當第二個週末過得不順利時，你可以回味上個週末的快樂，但是對未來有正面的期望還是更吸引人。

在另一個實驗裡，研究者刻意提高參與者的壓力，要他們準備一次五分鐘的演說，說明他們爲什麼可以成爲別人的好朋友。一組參與者在演說前先看了一些有趣的《紐約客》雜誌漫畫；另一組參與者則被告知可以在演說後看漫畫。期待正面經驗的參與者對演說的感覺，比已經體驗過的人要好，演說時也感覺較不焦慮。期待一些令人愉快的事情，要比已經體驗了快樂更好。

擁有值得期待的事情，不僅有可能帶來正面的未來經驗，也能讓即將變成已知的未知變得更刺激。

在《歡樂單身派對》的試播集裡，傑瑞坐在沙發上吃麥片看電視。電話響起。他一拿起話筒就說：「如果你知道大都會棒球隊比賽的結果，不要告訴我，我已經錄了比賽。你好。」現場觀眾都笑了，後來發現是打錯了號碼。

傑瑞掛了電話後，克萊默首度經典登場，一衝進門就大喊：「天啊，大都會今晚搞砸了，對不對？」傑瑞氣餒地倒在地上，不是因爲球隊輸了，而是因爲克萊默透露了結果。不事先知道結果是很多活動的樂趣所在，不只包括運動比賽、書籍與電影。

一項研究發現，人們寧願晚一點知道手中的樂透彩券是否中獎。當未來仍不確定，我們就能體驗可能性帶來的刺激——若能盡量延後知道未來，任何事情便仍有可能。

丹尼爾・吉伯特（Daniel Gilbert）在《哈佛最受歡迎的幸福練習課》一書中解釋，不確定性如何放大了情感經驗——正面與負面皆然。等待醫學檢查的結果，會讓體驗更加不愉快；等待知道自己會得到什麼獎品，則會讓獲獎更愉快。

我們可以從維吉尼亞大學的一項研究了解這一點。在這項研究裡，讓每一位參與者都中獎，獎品包括巧克力、開瓶器、咖啡杯，與其他價值差不多的小東西。參與者必須說出他們最想要與第二想要的獎品。第一組參與者會先轉動大型輪盤，根據輪盤的落點來決定贏得的是最想要或第二想要的獎品，然後去完成一系列其他任務。第二組參與者則會先完成任務，並被告知完成任務後，可以轉動輪盤來領獎。至於第三組參與者，他們被告知因爲有多餘的獎品，所以不需要轉動輪盤，可以直接拿到最想要與第二想要的獎品。研究者也要參與者在實驗過程中的不同時間填寫心情問卷。當他們剛得知有獎品時，大家都感覺很棒，但只有不知道會得到什麼獎品的參與者在實驗結束時仍如此感覺——甚至超過那些得到兩份獎品的人。

邏輯上，兩份獎品應該比一份好。但神祕獎品比兩份確定的獎品多了一種**不確定性**。對於未來的正面事件，想像各種不同的可能性是一大樂趣。

好的，壞的，與品味

當我們期待未來事件時，就會花更多時間思索其可能性。我們對正面事件的思考與期待越多，它發生時就越會珍惜。

在心理學上，品味（savoring）是增加對正面經驗關注與欣賞的行爲。可以是事件發生前的想像與期待，例如期待與朋友度週末、想像好時光；也可以在事後透過個人的回憶與分享來回味，例如我的研究參與者計畫分享好消息與小勝利。當然，你也可以在體驗發生的當下細細品嘗它。如果你搜尋「品味」的網路圖片，你會看到人們專注於某些正面經驗的景象：啜飲熱咖啡、咬下一口美食、聞一朵鮮花，或呼吸新鮮空氣——他們會閉上眼睛來阻斷視覺上的分心。例如「停下來聞聞玫瑰」的建議鼓勵我們品嘗生命中的美好事物，而這種傾向也與增加生活滿意度有關。

你也許會認爲，我們之所以需要「停下來聞聞玫瑰」的建議，是因爲正向事件很罕見，所以在它發生時加以欣賞很重要。但我們需要這個建議的理由剛好相反。正向事件其實比負面事件多很多，但我們經常忽略，因爲正向事件多半不會讓人覺得那麼獨特。

有一項要參與者在日常生活中帶著錄音機的研究發現，人們使用的正面語詞多於負面的。基於將這個想法再擴大，一個研究團體集合了超過一億個詞語的語料庫（corpus，指口語或文字紀錄的彙編，是實際使用過的語言材料），包括了各種書籍、個人信件，甚至是日記，還有對話錄音，演說與會議紀錄。資料顯示，人們使用正面字詞的頻率遠超過負面。例如使用「好」的次數比「壞」多了五倍（使用頻率是每百萬字七九五次比一五三次）。另一項研究是每天以電話問候十次，爲期一週，發現人們大多數時候感覺都不錯。

既然人們說話時正面詞語多於負面，大多數時候也感覺不錯，爲何我們還是時常覺得負面感受多於正面？在一項爲期七天的研究裡，參與者每天要寫下一件正面的事情與一件負面的事情。當一週結束後，參與者要指出彼此這一週所發生事件的相似程度。參與者認爲，過去一週發生在大家身上的正面事件相當相似；另一方面，所發生的負面事件固然不同於正面事件，但負面事件之間並不會被視爲很相似，這使得負面事件感覺上較有新聞價值——每一件都很獨特，各自有各自的糟糕——所以負面事件會吸引我們的注意力，在腦中逗留較久。

正向事件若要脫穎而出，必須非常正面。所以我們經常花費心思，讓平常的正向事件感覺更特殊。而這也是祕密登場的時候。

禮物，求婚，與其他的驚喜

二〇一三年，兩位冰上曲棍球迷陳瓊安娜（Joanna Chan）與茱莉．摩里斯（Julie Morris）展開旅程，前往國家冰上曲棍球聯盟的三十一座球場看比賽。她們花了五年時間，抵達最後一座球場：加拿大卡加利的馬鞍體育館。在卡加利火焰隊比賽的第一節，茱莉突然發現自己手上多了一支麥克風，接著她的同伴跪下來向她求婚。巨大的球場螢幕將整個過程轉播給全場觀眾看。

原來這種巨型螢幕求婚是一大產業。馬鞍體育館的收費較高，要價五千美元（如果想便宜一點，波士頓芬威球場的螢幕只要三百五十美元），但瓊安娜說，每一分錢都值得。

「重要的不是公開求婚，而是要讓最後一場比賽很特殊。」瓊安娜受訪時說。的確很特殊。「我非常震撼，完全沒有想到。」茱莉．摩里斯表示；她甚至忘了自己出現在巨型螢幕上。「然後一切都湧了上來，我聽到了歡呼聲，周圍的人都非常興奮，但有一瞬間感受到意想不到的親密。」她回答願意，現在她們是一家人了。

驚喜的情緒體驗是人類最難以捉摸的情感之一。驚喜在定義上包括了某種程度的難以預料，而且我們會特別記得意料之外的事情，給予特殊的待遇，所以才會有誇張的求婚方式，像是快閃、用飛機拖著標語布條，還有一個例子是準新郎在戀人最喜歡的電視節目上安插了求婚廣告。驚喜也許稍縱即逝，但我們可以在回憶中鮮明地重溫，並在事後長久回味。

驚喜來自於計畫

你是否會願意爲了讓人把它撕成碎片而買東西？這麼說來，禮物包裝似乎是無意義的多餘舉動，更別說還浪費了難以回收的紙張。但這有心理上的益處。人類學家奇普．科威爾（Chip Colwell）說，人們包裝與打開禮物的歷史超過一千年。包裹的紙張把一項物品提升爲一份禮物：就算你能猜到裡面是什麼，例如一本書，但實際的內容仍是神祕的。拆禮物讓我們體驗到期待與驚喜；直到揭曉前，內容都是一個謎。

不論是禮物、求婚、派對，或其他東西，要眞正讓人驚喜，就必須加以計畫。我妻子瑞秋比我認識的任何人都愛驚喜：不論是計畫它或接受它。

我們第一次見面是在一場研討會上，當時瑞秋住在澳洲，我則在加州念研究所。幾個月後，我去澳洲看瑞秋，並計畫年底時再去一趟，與她共度聖誕節。因此當我在十一月初的某天回家時大吃一驚：瑞秋站在我的客廳裡。我們不到一天前才剛聊過，那時候她人**還在澳洲**，現在怎麼可能在我加州的公寓裡？我拒絕相信自己的眼睛。「哇，那個人看起來**眞像**瑞秋。」我盯著她心想，表情變得扭曲——不是因爲我不高興看到她，而是因爲我太困惑了。

瑞秋後來告訴我，她在十九個小時的旅程中一直在想像，當我看到她與我朋友所策畫的這場盛大驚喜時，會有多快樂和興奮。但她說，揭曉的那一刻，我看起來簡直嚇壞了。這讓她想起機場接駁計程車駕駛所說的話：「你要讓他完全意想不到？嗯，不是所有人都喜歡驚喜。」

駕駛說得沒錯，不是所有人都喜歡被**偷襲**。想像一下，你在工作一整天之後回家，想度過寧靜的一晚——結果你的朋友全都在家裡高喊：「**驚喜！**」那不只是驚喜，而是讓你成爲聚光燈的焦點，並在沒有提前告知的情況下，被迫參與一個你本來沒心情參加的派對。這可能不適合所有人。或是以求婚爲例，驚喜的巨型螢幕求婚也許是某些人難以忘懷的刺激，但有些人可能會因爲自己被公開拱上臺而覺得不高興，甚至生氣。偷襲可能會有反效果。求婚前沒先討論結婚後的事，等於預告了求婚可能遭拒。一項研究發現，被拒絕的求婚中，只有二九%的人事先討論過婚後事宜；而在獲得接受的求婚中，一〇〇%的人都事先談過。

所以當你計畫驚喜時刻前，最好先確認一下，確定你了解對方對於婚姻、驚喜派對、豪華禮物等等的態度，這樣一來，就算要出差錯也不太容易。

再想像一下，除了驚喜派對、改變生命的求婚，或其他讓你措手不及的大消息之外，你收到了完美的禮物：你非常喜歡，但完全沒料到。這種「意外」是令人喜悅的，當我知道眞的是瑞秋站在我的客廳時，我的感受正是喜悅。

有控制感的守密

不像前幾章談過的祕密，隱瞞正面事件直到適當時間才揭曉的感覺很好；就算需要審愼戒備、避開一些話題，或隱藏證據。計畫驚喜的人從想出這個點子起，就可以開始品味，同時期待揭曉與對方的愉悅反應（希望如此）。

在過去的八年裡，我透過問卷調查了參與者計畫在平安夜送什麼禮物；我也研究祕密的好消息，例如懷孕與其他的驚喜。總共有超過五千名參與者告知他們的正面祕密，以及守密時是什麼感覺。我發現，極大多數人表示他們的經驗令人振奮、情緒高昂、感到興奮、充滿活力。只要觀察人們如何描述正面祕密，就很容易能感受得到。

「我現在充滿了喜悅與活力。我覺得自己一天可以做很多事，我想是因爲我很興奮吧……對她隱瞞這項驚喜，是很有趣的一項挑戰。」

「守住一個驚喜，讓我覺得自己像是執行最高機密任務的情報員。非常刺激，我等不及想看到她的表情！等待揭曉的那一刻來臨，讓我覺得自己興奮得快要爆炸。」

大多數有正面祕密的人表達出純粹的愉悅與興奮，但也有些參與者感到挫折、擔心與不耐。

「我很興奮，但同時也很擔心……我等不及想告訴同事，無法說出我所知道的來慶祝這個消息，讓我每天都很掙扎。」

「已經四個月了，我都沒有告訴任何人。感覺有什麼東西被存放在我心裡，我的腦袋快要爆炸了。」

就算是面對挑戰與擔憂，正面祕密仍讓人興奮，因爲我們通常覺得可以控制資訊與傳達的過程，包括了情境、時機與方式。在我們針對目前懷孕並守密的夫妻所進行的研究中，孕婦越覺得能控制這項消息，守密就越讓她們感到有力量，她們的伴侶也是如此。同理，如果無法完全控制何時分享正面消息，就會感到挫折，甚至負擔——例如明明贏得了獎勵或升遷，卻要等到正式公布後才能分享。

控制感是人類生活中重要的特質之一。當我們感覺能掌控生活時，就會覺得自己有能力處理壓力，也能更有效地面對生活的挑戰。具有控制感的人比較快樂與健康，而且也活得較久。

生命中有些最喜悅與重要的時刻始於待揭曉的祕密：我們給予的禮物、懷孕、求婚等等。等待揭曉正面祕密的快樂與它帶來的控制感，都能讓人滿足與充滿活力。

藏在心裡的快樂經驗

我們一直在討論守密能讓正面事件被揭露時更加令人興奮。但還有另一種正面祕密，你也許永遠不打算揭露。我稱之爲「祕密快樂」。

讓我們聽聽兩位參與者描述他們藏在心裡的快樂經驗。

「我喜歡在早上靜心，但我沒告訴任何人。他們的反應可能會破壞我的靜心。我不想在靜心時去想他們的評語。」

「我喜歡在夜晚出去散步……我覺得很平靜，因爲我所在的社區很安靜，街燈的光芒讓我放鬆下來。我沒有告訴別人我喜歡晚上出去，因爲我知道他們會問是否安全，而且不希望我這麼做。但我覺得很安全，也從來沒有感受到危險。我需要那段獨處的時間來釋放壓力，在心中找到寧靜。」

與禮物、求婚、其他驚喜相較之下，這些正面祕密有著不一樣的基調。不是振奮與活力，而是滿足與獨立。

對於這些不告訴別人的快樂經驗，我們可以很容易看出那是另一種不同於孤立的獨立。你不會感覺孤單，而是超脫於其他人的期待與意見之外。

許多守密的嗜好符合這個模式。包括了手工藝、收藏（卡片、漫畫、郵票、錢幣）、賭博、縫紉（編織、打毛線）、靜心、遊戲（紙牌、棋類、電玩）、閱讀（科幻、愛情小說）、娛樂性藥物、健身、寫作（小說、詩歌）、看電視（卡通、兒童節目、肥皂劇），還有瑜伽。

當然，任何活動都有一些風險——例如娛樂性藥物、深夜散步、一口氣追劇到第七季——但是當參與者把他們的祕密快樂告訴我的時候，也表示他們知道風險，並經過謹慎的考慮。他們喜歡這些活動的部分原因，是不需要去應付那些會批評的人。

祕密快樂與驚喜（禮物、求婚、好消息）之間的區別，在於正面的驚喜會放大正面經驗，而祕密快樂是爲了保護正面經驗。

我們通常認爲，只有負面事件才需要去應付。但正面事件有時也需要去應付。想像你剛打贏了一場電玩。你會怎麼做？也許告訴別人，希望對方有正面回應，欣賞你的成就或恭喜你。但如果對方反應不佳呢？你是否曾很興奮地與人分享，卻只聽到「那又如何？」的回應？

我當然聽過，很讓人沮喪。有人對你喜歡的東西給予負面反應，會讓你感覺更糟糕，並希望自己未曾開口。所以如果知道其他人可能不贊成或不了解自己喜歡的東西，也許就會守密。

這些祕密能提供健康的獨處，而不是孤立：獨立自主。有時你並不需要別人的意見——做決定時有這樣的認知是很有幫助的。對於正面祕密，我們顯然就是駕駛，或是駛向我們期待的目的地，或是兜風前往一個特別且只屬於自己的地方。

我們對自己所有的祕密都有一定程度的控制：選擇哪些要分享，以及如何分享。但對於隱瞞的許多祕密，我們也許不很確定要控制到什麼地步，尤其是當我們試圖調和祕密與人性對建立關係、產生連結與爲人所識的需求時。了解這些共同的人性欲望，爲我們提供一扇了解祕密最後的窗口。

第八章

文化與應對

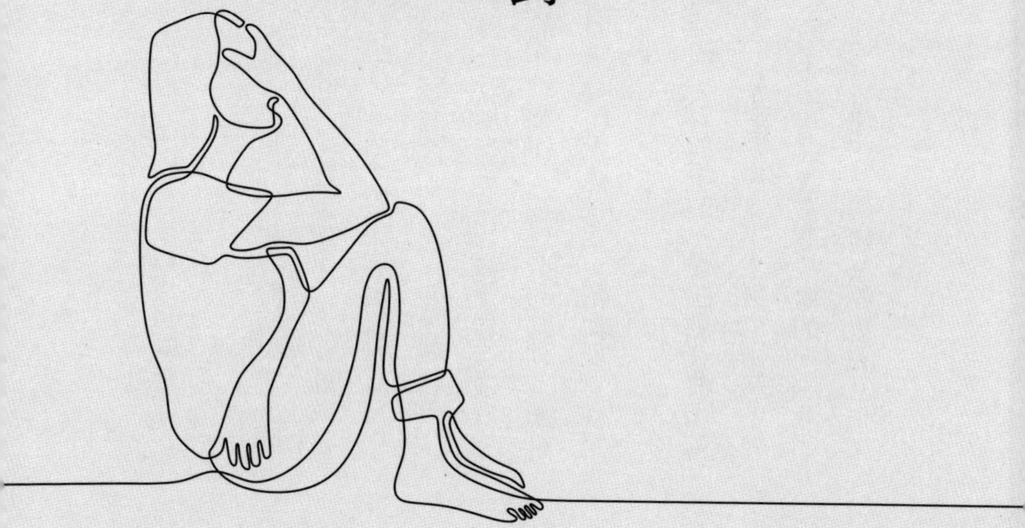

不能說的祕密

每次盧紅（Hong Lu）去拿檢查報告，答案都是一樣的。第三份報告的結果——肺癌第四期——證實了前兩份報告的確無誤，是無法否認的。她立刻做出決定：姊姊永遠不會知道結果，所以她攔截了診斷報告，並帶到影印店。她問影印店是否可以幫她做一份診斷報告，他們拒絕了，僞造文件不符合他們的道德準則；但如果她提供文件，店家願意影印。所以她添加了幾筆，把事實隱藏在一層白色修正液下面，並在空白處寫下了新的診斷：聽起來很醫學，而且是良性的。她影印了被修改的文件。盧紅的姊姊——以下稱爲奶奶——被診斷出只剩下三個月壽命，家人決定要對奶奶守住這個祕密。

王子逸（Lulu Wang）出生於北京，六歲時移居美國，對故事的熱愛讓她在波士頓大學主修電影製作。她的第二部長片分享了她奶奶的故事，以及家人努力隱瞞的祕密。王子逸最早是在全國公共廣播電臺的節目《美國生活》述說這個故事的。「我們意識到一個問題：我們要如何在奶奶過世前去探望她？居住在三個國家的親人必須來道別，又不能讓奶奶知道我們是來道別。這不是光用立可白就能做到的。」幸好王子逸的表親準備結婚，家人決定提前一年舉行婚禮，讓全家人團聚在一起，也讓大家有機會在老奶奶過世前見她一面。在此同時，奶奶完全不知道家人是來道別，不知道自己的癌末診斷，也不知道醫生估計她只剩下三個月可活。

「當我得知消息後，我想安慰奶奶。當你所愛的人將離世，我想用一種看起來似乎很自然的方式陪她一起哀傷。」但家人禁止王子逸告訴奶奶診斷結果。他們說，如果她想見奶奶最後一面，她就必須參與這項工程浩大的隱瞞計畫。

王子逸解釋，中國的醫生習慣先把壞消息告知病患家屬，尤其是對年老的病人。所以她的家人可以攔截診斷報告，並保守祕密。王子逸把這個故事拍成了電影《別告訴她》（*The Farewell*），很忠於實情，在中國實地拍攝，甚至找來奶奶的妹妹演她本人，就是竄改診斷報告的那一位。不習慣這種守密行爲的觀眾嘖嘖稱奇，畢竟這種事情很不常見；至少沒那麼容易。

雖然王子逸和家人一起對奶奶守密，但這不是她的初衷。如果能照自己的意思行事，她會告訴奶奶；但她把家人的希望置於優先，守住了一個自己不想守的集體祕密。雖然祕密與她個人無關，她仍覺得自己被它束縛。她無法自然地與奶奶互動，也必須對奶奶說謊，感覺很糟。她參與這個祕密的過程彰顯了我們的守密經驗是由所屬文化來塑造的。

如同我們呼吸的空氣，文化也籠罩著我們，碰觸並影響我們的社交世界。文化來自於我們的家庭、鄰居、朋友、同事，當然也涉及我們與祕密的關係。奶奶有權利知道眞相嗎？身處兩個不同文化，對這個道德難題也有不同的答案，這讓王子逸感到矛盾。她想尊重家人的集體決定，也了解他們想保護奶奶的想法，但她覺得奶奶應該要知道眞相。

「我欠了某人一個眞相。」在一項研究裡，我向來自全球二十六個國家、超過七千名參與者提問，請他們就這三十八項分類清單上的祕密，針對這句話簡單地回答是或否。這些參與者共保守了八萬件祕密，其中二〇%的人感覺自己虧欠了某人眞相。我們的祕密是否欠了其他人眞相？這個問題的答案因文化而異。

前面用空氣來比喻文化，是因爲可以提醒我們，文化雖然是很強大的融合力，但在特定的情況與時刻裡，它可能只是輕微的碰觸。儘管參與者所屬的國家影響了他們對那八萬個祕密的經驗，但程度並不如你所想像的深。我發現，祕密**類別**（以我們清單上的三十八項來說）對一個人如何經驗祕密的影響力，比他來自什麼國家要強十倍；**個人性格**的影響力比祕密分類強一倍（比來自什麼國家強二十八倍）。

所以，我們的守密經驗與那些有同樣祕密或類似性格的人更相近，而不是來自相同國家的陌生人。但我的全球守密研究不僅會看參與者來自什麼國家，也會關注他們所處環境的特質；例如：建立新關係是容易或困難？社交網路是像滿天星辰那樣密集，或是像太陽系那樣有各自的運行軌道？然後，對於你歸屬的社會群體，你是否願意爲它犧牲自己的利益？你是否把團體置於優先？你對這些問題的答案，將直接影響到你是否願意守密或揭露祕密，以及隨之而來的情感經驗。

關係流動

二〇一二年夏天，我背著背包，獨自來到伊斯坦堡的一家青年旅館。把行李放在床上後，我決定先去屋頂的酒吧。尋找了一下四周友善的臉孔，我走向一群年齡相近的旅行者，問是否可以坐下。他們邀請我加入。身爲一個不太外向的人，我很驚訝與人聊天交友是這麼容易的事，在我去過的每一個城市都是如此。短短兩週後，與這麼多剛認識的人聊天，讓我在社交上筋疲力竭。

青年旅館提供的環境大多有公共的用餐與社交空間，特別有助於這類友善的對話與聯繫。選擇住在青年旅館的人也多半是獨自旅行，不介意與陌生人相處，所以他們很願意結識新朋友。

有些環境就是比其他環境更有機會建立關係，心理學家稱這種特性爲「關係流動性」（relational mobility）。你的環境容易認識人嗎？你四周的人與剛認識的人深入交談是件正常的事嗎？你是否能輕易放棄朋友、解除關係，並用新的來取代？關係流動性有不同的程度，存在於任何有人居住的環境，不論是伊斯坦堡的青年旅館、你的家鄉，或你目前住的地方。

在關係流動性較低的環境裡，情感關係較不易斷裂。家人、朋友與熟人會聚集在較小的社交網路中，例如家鄉，且人們很難在這些緊密的網路之外建立關係。在某些區域，與父母失聯或脫離家庭是前所未聞的，因爲這種關係被視爲永久存在。在這種環境裡，要離婚可能很難；尤其在極端情況下，人們對結婚對象可能沒有太多決定權，即使兩人走不下去時，也無法分手。

相較之下，在關係流動性高的環境裡，關係是透過個人選擇與穿梭於不同社交圈來建立的，人們在情感關係的市場中尋找彼此。在這些環境裡，人們較能信任陌生人，也較願意接近與結識新朋友。

大致上來說，東亞、東南亞、北非，還有阿拉伯語系國家的關係流動性較低；北美、南美、澳洲、歐洲的關係流動性較高。當然這些只是趨勢，每個國家都有多元的個人與文化融合；即使在同一個國家，內部的關係流動性也各不相同，例如城市就能比小鎮提供更多的人際機會。

生命的某些階段也有較多的人際機會。例如搬進大學宿舍，就會提供比現有社交圈更多的可能性——就像青年旅館酒吧中的背包客們。

重點在於，人際機會不等同於關係本身。就像我必須自己來到旅館屋頂、結識伊斯坦堡的朋友，而且接觸陌生人也有某種程度的風險；他們可以輕易排斥我。但我若不與他們建立聯繫，可能會在看到其他人愉快聊天時感到孤單。所以，較高的關係流動性讓人願意冒較多的社交風險：不只是接觸陌生人，還有對大家都喜歡的事情表達不喜歡，甚至做出改變生命的決定，如遷移到沒有任何人認識你的新地點。

環境的關係流動性沒有好壞之分。高關係流動性的一項明顯缺點，是讓人容易排斥你。朋友與情人可以很容易就甩掉你，意味著如果你想維持關係，就必須更努力。在關係流動性高的環境裡，愛情關係比較熱情、友誼比較親密，還有更重要的：人們比較願意揭露自我。敞開自己需要信任與勇氣，甚至對親密的人也不例外。以這種方式讓自己變得脆弱是一種親密的表現，也是高關係流動性環境中很強的承諾訊號。

這對我們的祕密有何意義？我研究這八萬件祕密時，也向參與者提問：他們的環境提供了多少關係流動性？我在進行調查的二十六個國家裡發現，關係流動性低的環境裡，會有較多的祕密，也較容易因爲祕密感覺隔絕與孤立。

當人們無法輕易從一段關係轉換至另一段關係時，較不傾向於冒揭露與分享的風險。如果你周圍的人不會分享重要的祕密，你也會覺得自己不能分享你的祕密。可想而知，這會讓人感覺孤立。這樣聽起來，低關係流動性好像是守密的額外負擔，但事情不一定眞是如此。

如果你的環境不常看到人們彼此揭露內心思維，那麼當你守密時，較不會覺得自己違反了什麼規矩，也就比較不會感到內疚。相反的，在關係流動性高的環境裡，雖然人們較不會因祕密而感覺孤立，但較容易感到內疚。

處理價值

關於我和弟弟來自匿名捐精者的祕密，母親這樣描述她內心的衝突：「對我而言，這是很大的祕密。我感到不自在，但我別無選擇。祖母對這件事有很大的影響。她永遠不會想揭露，永遠不會。」

如果由她來決定，她可能會早一點揭露這個祕密，但祖母擔心我和弟弟可能會覺得自己不是這個家的一分子。「我被困在很尷尬的處境，因爲我被迫去守一個我眞的不想永遠守著的祕密。」母親把其他人的希望置於優先，而這也呼應了王子逸對奶奶的診斷守密的經驗。

集體主義的影響

王子逸感到矛盾，被困在家人的價值系統與她覺得是錯誤的謊言之間。她只有疑問，卻沒有明確的答案。「如果我與美國朋友談，他們會有美國人的答案；然後我的家人會有中國人的答案。」她回憶。「所以我感到非常矛盾。」

雖然我母親沒有被兩種文化所拉扯，卻也夾在兩種期望之間：告訴我們眞相，以及讓我們感覺彼此仍是一家人。

在王子逸的電影中，她的舅舅說：「你想告訴奶奶眞相，因爲你不敢爲她承擔責任，因爲負擔太重；如果你告訴了她，你就不用感到內疚。我們不告訴奶奶，因爲我們有責任爲她承擔這種情感負擔。」

責任、義務、把他人置於優先，這些行爲是集體主義的特徵。這是一種大型文化結構，強調互助、爲他人著想、共同的目標、團體的和諧與凝聚。許多不同類型的團體中都有集體主義，例如小型社區或宗教社群、工作場所，或某種機構；但集體主義最有影響力的地方是家庭互動。我們都屬於不同的團體，有時團體利益會與我們自己的利益相衝突。

把團體置於個人利益之上，當然是一種跨越文化的共通現象；但集體主義在某些文化中特別強勢。如前面所說，就算在同一個國家裡，文化與個人的融合也有各種不同的面貌。例如有一項研究對來自菲律賓、美國與土耳其的參與者提問，想了解他們對宗教信仰有多虔誠，有多贊同集體價值。結果發現，不論國籍，參與者對宗教信仰越是虔誠，就越支持集體主義。

「我準備為了團體犧牲自己的個人利益。」「我覺得把團體利益置於個人之上很重要。」同意以上說法的人，也較會把集體目標置於個人目標之上。我會詢問參與者是否同意這些說法，以評估他們對集體主義的支持程度。

儘管低關係流動性與較少的自我揭露與較多的守密有關，但集體主義並非是影響自我揭露與守密程度的唯一因素。集體主義確實影響了人們對祕密的經驗，但就算守密保護了團體的和諧，守密者也會覺得其他人應該知道眞相，並因此而感到更加不眞誠和羞愧。

因此，雖然集體主義與擁有更不道德的祕密無關，卻與不道德祕密帶來的經驗有關：羞愧。隱瞞讓人覺得犯了更大的過錯。同樣的，集體主義與擁有更多人際關係上的祕密無關，而是與人際關係上的祕密最密切的經驗有關：感覺自己不眞誠。

不確定該不該守密？

回顧我們的祕密地圖，人際關係座標的範圍從個人祕密（與他人無關）到高度人際關係祕密（與他人很有關）。有一個細節是我留到現在才要說的：一個祕密越是與人際關係有關，我們就越容易因爲守密而感到自己不眞誠，彷彿我們對別人隱藏了部分的自己。

你的眞實自我無法與你的人際關係完全切割。當我們的人際關係建立在偏向集體主義的環境中，有祕密這件事似乎會與其他價值相衝突；但這並不表示守密是錯誤的。在許多情況裡，我們守密是爲了保護其他人或是與對方的人際關係。在一項研究裡，我們給參與者一份應對指南，讓他們認知到守密在情感關係上的益處，以及對社會有利的層面，這使得他們感覺自己比較眞誠。

奶奶是否應該知道自己的癌症診斷眞相？一方面，你可以想像自己希望知道，這樣你就能好好安排最後幾個月的生命，與人道別，也許有機會死而無憾；但另一方面，很難想像比這個更難以面對的眞相，所以也許無知才是福。

但如果我告訴你，後來奶奶活了超過三個月呢？七年後，她還活著，家人把這個快樂的結局歸功於守密。「中國人相信，心理和情緒方面的健康，與身體健康息息相關。」王子逸這麼說。根據盧紅所說，她姊姊能夠活下來，是「因爲我們給奶奶快樂而不是擔憂」。這裡沒有明確的對錯，但從結果來看，在這種情況下守著這個重大的祕密，帶來了正面的結果。

不確定一個祕密該揭露或隱瞞時，不要只專注於自己所隱瞞的事情，同時也要去想你所給予的，像是你關心某人的情感健康、團體和諧或其他事情。如果你是爲了別人的利益而守密，那麼就算感到矛盾，你也知道自己確實把別人的需求置於優先。這麼做沒什麼不眞誠的。

處理內心衝突

我剛上研究所時，研究了我們如何察覺別人臉部的情緒。就算是很微妙的表情，我們也通常能看出對方是快樂、憤怒、驚訝或悲傷。我們能在別人臉上看到的，不僅是這些基本情緒，也可以看出別人面露懷疑或不確定。我們的內在情緒明明存在於心裡，但也會時常顯露於外。爲什麼？

文化如何影響情緒表達

除非你看著鏡中的自己，否則完全看不到自己的臉部表情，但其他人可以。表現在臉上的情緒表情能向別人傳達我們的感受，是早就成立的事實（達爾文寫過這個主題的書）；但直到最近，我們才開始了解文化在情緒表達上所扮演的角色。

大多數時間裡，我們會讓情緒流露在臉上，但多少能控制要表現出什麼，而且有時掩飾某種情緒會比表達出來更禮貌；例如翻白眼很少會被接受（至少我的經驗如此）。所以，是否要表達情緒，可能取決於你認爲它是否會被接納。這裡也有文化在暗中影響：越是關心團體和諧，就越會壓抑可能擾亂它的情緒表達。這不意味著淡化情緒，而是藏在心裡。

那些強調個人獨立性的人，往往更重視對他人表達情緒，並認爲這樣做是有效的；其影響從情緒表達延伸到更廣泛的自我表達。在一個極端情況裡，有些文化把說出自己想法當成重要的自我表達；但在另一個極端裡，其他文化也許會把沉默當成尊重與專注的訊號，說話是爲了維持關係，而不是表達自我。

我們談過文化如何影響我們經驗祕密，但祕密的**內容**呢？祕密的三大座標上，唯一的文化差異是集體主義的守密較基於情緒（因此較不是目標導向）。這與情緒表達中的文化差異一致，身處集體主義的文化中，讓人更常壓抑情緒表達，以免破壞團體的和諧。

如果過去的祕密還有任何可取之處，那就是沒人能從你臉上看出它們。但這是有代價的。如果沒人能輕易看出你的內心隱藏著衝突，就必須靠你自己來尋求幫助。

我在本書一直鼓吹傾吐祕密與接受社交支持的好處，但對於那些擔心揭露有可能爲情感關係帶來負面影響的人來說，因個人問題尋求協助是額外的壓力。這些擔憂說明了尋求社交支持與否的文化差異。

社交支持使你獲益，不論身處何種文化

加州大學聖塔芭芭拉分校的心理學教授金熙榮（Heejung Kim，音譯）研究關於尋求社交支持的文化差異。她發現，在亞洲文化中，人們不常向親近的人求助。這並不意味著關心團體和諧的人，不會尋求社交支持，而是支持的尋求與給予方式都要遵循文化的規範與價值。在重視團體福祉勝過個人的文化裡，人們更在意造成其他人的負擔，所以較不願意爲了個人問題而求助。

金熙榮與同事要求韓國與美國參與者在一週之內，每天回報當天讓他們壓力最大的事情。參與者要報告在壓力事件發生後，他們與多少人互動、是否談到壓力事件、那天的情緒，與日常生活的滿意度。研究者要檢視的是兩種社交支持方式：與其他人談壓力事件，還有與其他人相處，但沒有談壓力事件。例如，如果你在工作上出了

錯，和其他人聊聊可能對你有幫助；如果是分手，儘管你或許不會想談，但也不會想獨自面對。所以，兩種支持都有價值。不過是否因文化而異？

金熙榮的研究發現，美國參與者會與更多人談論壓力事件；韓國參與者則花較多時間與人相處，但不會談壓力事件。儘管韓國參與者一樣可以從兩種社交支持上得到幫助，但求助會讓他們產生「因爲自己的問題而給別人添麻煩」的羞愧感。相較之下，美國人透過談論壓力事件獲得大部分的協助，卻不會因爲把自己的問題告訴別人而感覺很糟。

別忘了，文化塑造我們對這類情況的經驗，但不會固定不變。例如，在一項開放式回應的研究中，金熙榮發現，三九％的韓國參與者表示自己會尋求社交支持來降低壓力；美國參與者則是五七％。在另一項研究中，詢問參與者尋求各種社交支持到什麼程度——從一（不尋求支持）到五（強烈尋求支持）。結果發現，美國的亞洲移民是位在中間的三・三，美國出生的亞裔是三・五，歐洲裔美國人是三・九，只高一些。所以，儘管美國人較偏向尋求社交支持，但差距很小。尋求支持與提供支持的性質也許因文化而異，但在適當的方式之下，對社交支持的認同與獲益則是共通的。

如果你覺得一個祕密讓你感到孤立，要知道，這也許意味著你需要與別人談談。如果你覺得守密讓自己不真誠，要知道，這也許意味著你需要檢視一些內心的衝突。不論你遇到什麼困難，要知道，所有人都能從社交支持中受益。在處理個人掙扎時，我們的共通之處多過彼此的差異。

結論
祕密是要用來分享的

我們看完了包括律師、爆料者、黑幫老大、擔憂的青少年、一件長達數十年且本來絕不會被揭發的祕密，還有成千上萬研究參與者的故事。他們都因祕密而受苦，但他們的痛苦很少是因爲持續守密，而是不得不單獨承擔，沒有其他人的支持。隱藏自己的部分內在世界會讓人感到羞愧、孤立、不眞誠與不被理解。但事情未必如此。並非所有祕密都是負面的；就算是負面的祕密，也不一定有力量如常見的那樣控制你。

我們可以與其他人分享祕密。我們知道人們願意透露祕密，如祕密電話計畫、明信片計畫，或告訴剛認識的陌生人：這樣的揭露沒有風險。但你不需要爲了找人傾吐特地奔波，家人、親密的朋友、情人、同事……他們都可以成爲很好的知己，可以看到全局；就算知道了新資訊，也不會忘記他們所知道關於你的一切。他們有同理心，懂得包容。

在我進行的每一項研究結束時，我都會請參與者留下評語，分享他們對於研究的建議與自己的經驗。人們在仔細檢視自己的祕密後，經常對過程中所發現的價值表示驚訝。有些祕密會占據你的思維與注意力，有些祕密則會退到背景中，幾乎被遺忘。隨著時間過去，祕密會變得比較容易處理；但你也可以扮演更積極的角色，不需要等待歲月流逝。

如果你只想從本書學到一件事，我希望是：如果你有一個困擾自己的祕密，請考慮與信任的人分享。如果守密是因爲有法律或職業上的理由，那麼情況會比較複雜，但也許你還是可以找到人傾吐；就算不說出細節，光是找人談就會有幫助。不要封閉起來，請向外求助。

一位同事曾告訴我一個故事：有位女子試圖找到與她有血緣的親人，透過基因檢測服務，她找到了符合的對象：同父異母的妹妹，妹妹證實了父親曾經捐精。透過網路，這位同事找到了自己的親生父親。

如果你是透過匿名捐精者而誕生的，聽到這樣的故事一定會想：「我是否能找到符合的人？」所以後來我決定去買一套基因檢測工具。我不確定我想知道什麼，但還是把自己的樣本寄過去。我有一些遲疑，也對此事守密——有些朋友知道，但不是所有朋友都知道。我沒告訴任何家人。我只是還沒準備好。我想先知道結果後，再與別人分享。我想給自己一些時間來面對、處理，並找到我的立足點。

如果你還沒準備好向人透露祕密，請問問自己爲何如此，也提醒自己當初爲何要守密。重要的是，會不會有人就算不用你說，也會得知祕密？你生命中有沒有人期待你與他分享？這些問題的答案將爲你指引出最好的道路。

如果祕密影響了你安穩的日子，就算只是偶爾如此，請仔細觀察何處最痛，並盡力去了解。現在思考一下，或許守密並沒有傷害到其他人，或許這項祕密保護了你關心的人，也或許你守密是有理由的。如果這些情況很接近你的狀況，這就是你的應對資源，你的生命線。

我們與其他人分享內在世界來建立與維持情感關係，但有時爲了保護那些關係，我們必須有所隱瞞。換言之，我們不分享的理由與分享是一樣的：我們想建立與維持密切的聯繫。

除了分享經驗或身體上的碰觸，分享內在世界是與他人產生連結和被他人認識的重要方式。與人分享祕密是很深入的親密行爲。敞開自己，不論是新建立或長久的關係，請更接近你的知己，加深自己與他們的關係。

我問母親何時開始考慮揭露那個家庭祕密的，她的回答讓我笑了。「你第一篇關於祕密的文章是何時發表的？」她反問。原來我的研究改變了她的想法。「我覺得說出祕密變成前所未有重要的事，因爲我讀了你的研究，你的文章。我說『哇，這樣眞的不好』……我開始思考溝通有多重要。」然後她告訴我，後來她也擺脫了很多祕密。她談到自己終於與人分享藏在心裡的事，結果改善了彼此的關係，而不是造成傷害。現在她覺得自己有更多的支持與連結。在我們談到祕密時，我母親與我分享了另一個祕密，我對於她能自在地這麼做覺得感動。這段對話讓我們更親密了。

我們其實一直都知道這個道理。孩子們很清楚祕密的正面社交力量；連幼童都對祕密有一種親密感。孩子們會說**「祕密只屬於最好的朋友」**。當他們發現自己有一個內在世界，除非與人分享，否則只有自己知道時，他們會選擇性地與人分享那個世界。孩子們懂這個道理，但我們成人時常忘記了。**祕密就是要用來分享的**。

豐富而私密的內在世界是很美妙的。我們在那裡回味過去，想像可能的未來。你可以決定讓誰進入你的內在世界。當我們選擇與人分享內在世界時，就會讓我們更緊密一些。

*****

我寄出了基因檢測樣本，一個月後收到了結果。找到一個符合的，但資料不多。應該是名字的地方只有一個縮寫與姓氏，然後是一些數字。所以只知道姓氏。應該要放照片的地方是空白的。所以沒照片。不管此人是誰，我只知道我們有血緣關係。如果我想知道更多，就必須傳送訊息。我花了幾天工夫來鼓起勇氣，但要找到適當的字眼非常困難。找了幾個人幫忙後，我寫出了措辭優美的訊息，提出了措辭優美的問題，寄出去。

兩年過去了，我還沒收到回音，所以我想這可能是一條死巷。

然後，出乎意料的是，我正在處理本書最後的草稿時，收到來自艾利西（Alexis）

的訊息；不久後，也收到來自羅斯（Ross）的訊息（後來得知他是我首先想連絡的那個人）。他們兩人透過同一家基因檢測公司，剛剛得知我與弟弟這幾年來已經知道的驚人消息：他們都是透過匿名捐精者誕生的。

十年前，我得知了我的家庭祕密，其影響仍持續著：兩位同父異母的新兄弟（我們的生日相差不到一年）住在這個國家的兩端。我們建立了聯繫、分享了一些故事。我們因爲一個重大的祕密而產生了情感關係。

艾利西與羅斯和我分享他們如何接受這個消息，以及對他們的影響；聽起來很熟悉，就像我剛得知家庭祕密後的反應。我不禁要想，這種相似是否因爲我們是手足。這兩位兄弟與我共享了生命中最基本的情感，有機會認識他們是美妙的驚喜。有些祕密分享後不但不會造成隔閡，反而能讓人更親密。

Eurasian Publishing Group
圓神出版事業機構
用心與你對話．網野無限寬廣
究竟出版社
Athena Press
www.booklife.com.tw
reader@mail.eurasian.com.tw
心理 078

守密——祕密心理學的第一本書！那些藏著不說的，如何影響你的健康和未來

作　　者／麥可．史萊平恩（Michael Slepian）
譯　　者／魯宓
發 行 人／簡志忠
出 版 者／究竟出版社股份有限公司
地　　址／臺北市南京東路四段50號6樓之1
電　　話／（02）2579-6600．2579-8800．2570-3939
傳　　真／（02）2579-0338．2577-3220．2570-3636
副 社 長／陳秋月
副總編輯／賴良珠
責任編輯／林雅萩
校　　對／林雅萩．賴良珠
美術編輯／林韋伶
行銷企畫／陳禹伶．林雅雯
印務統籌／劉鳳剛．高榮祥
監　　印／高榮祥
排　　版／杜易蓉
經 銷 商／叩應股份有限公司
郵撥帳號／18707239
法律顧問／圓神出版事業機構法律顧問　蕭雄淋律師
印　　刷／祥峰印刷廠
2022年10月　初版

定價 370 元　　ISBN 978-986-137-385-0

與他人的連結也會改變我們對世界的看法，
以及我們看待困難的方式。
隔絕——被迫忍耐孤獨，而不是主動選擇孤獨，
是精神健康和身體健康的主要威脅。
——馬修．李卡德等著，《人生關鍵字》

國家圖書館出版品預行編目資料

守密——祕密心理學的第一本書！那些藏著不說的，如何影響你的健康和未來／麥可．史萊平恩（Michael Slepian）著；魯宓 譯. -- 初版. -- 臺北市：究竟出版社，2022.10
240 面；14.8×20.8 公分 --（心理；78）

ISBN 978-986-137-385-0（平裝）

1. CST：心理衛生　2. CST：人際關係

172.9　　111013263